W9-BTD-510

2000 Pensamientos de Grandes Filósofos

Recopilación de
Martín Alvarado Rivera

2000
Pensamientos
de
Grandes
Filósofos

EDITORIAL DIANA
MEXICO

1a. Edición, Julio de 1988
2a. Impresión, Junio de 1989

ISBN 968-13-1862-5

PALABRAS INTRODUCTORIAS

A quienes gustan del pensamiento filosófico, así como también a todas las personas amantes de los dichos, refranes, adagios o sentencias, de tan frecuente aplicación en la vida práctica, presento estos:

"PENSAMIENTOS CELEBRES DE LOS FILOSOFOS MAS FAMOSOS"

Estos pensamientos, como dice Aristóteles (*Retórica,* Libro II, capítulo 21), son muy útiles en los discursos y en las observaciones:

a) Por la facilidad con que se entienden.
b) Porque los oyentes se deleitan cuando alguien, hablando en general, toca las opiniones que ellos mismos tienen.
c) Por su carácter ético y moralizador, pues casi siempre aconsejan el bien obrar.

He destacado el pensamiento central de cada sentencia o cada frase, deseando, con esto, contribuir a la rapidez para encontrar, en un momento dado, una idea, una sugerencia, un pensamiento al respecto.

I

Si esta selección en algo contribuye a la reflexión y al feliz esparcimiento del lector, el objetivo se habrá logrado ampliamente.

Por esta razón siempre estaré en deuda con el amable lector.

Monterrey, N. L., septiembre de 1984.

Lic. MARTIN ALVARADO RIVERA.

I HINDUISMO

1 NACIMIENTO Y MUERTE:
El final del nacimiento es la muerte; y el final de la muerte es el nacimiento.

(Dhagavad-Gita.)

2 CADUCIDAD:
El cuerpo del hombre es como una vestidura: cuando se ha gastado por la edad o por la enfermedad, el alma lo abandona. . .

(Ib.)

3 NADA:
Entonces (en el principio) no había no existente ni existente.

(Ib., *Himno a la creación.*)

4 LO UNICO:
Había esa cosa única, sin respiración, respirada por su propia naturaleza.

(Ib.)

5 CALOR, VIDA:
Mediante el gran poder del Calor tuvo nacimiento aquella Unidad. Después nació el Deseo, la simiente primera y germen del Espíritu.

(Ib.)

5

6 CAUSA:

Los sabios que buscan con el poder de su pensamiento descubrieron la relación de lo existente en lo no existente.

(Ib.)

7 DIOS:

¿Quién sabe cuándo adquirió la existencia el primer existente?

El, el primer origen de esta creación, cuyo ojo

domina a este mundo desde el alto firmamento. El es el único que verdaderamente lo sabe.

(Ib.)

8 TEMOR, REVERENCIA:

¿Cómo podré yo en la batalla lanzar dardos y flechas contra Bhishma o contra Drona, si son ambos piadosos y honorables?

(Arjuna: La canción del Señor,
Mahabharata.)

9 VALENTIA:

Mejor comer pan de mendigo con quienes amamos vivir, que llevar la culpa consigo y probar su sangre en rico festín.

(Ib.)

10 CONFIANZA:

A tientas y por dudas sacudido, todos mis pensamientos a Ti van, oh Guía de mi respeto cumplido, en busca del consejo que, saben, obtendrán.

(Ib.)

11 DECISION:

¡Te acongojas sin razón de congoja! Sueltas palabras sin sabiduría; pues el sabio de corazón y de mente no lamenta nada ni por quienes viven ni por quienes han muerto.

(Ib.)

12 ETERNIDAD:

Ni tú ni yo ni nadie dejará nunca de ser por siempre jamás.

(Ib.)

13 ESPERANZA:

¡Todo lo que ha vivido vive siempre! Así como a la estructura del hombre llega la infancia y llega la vejez, a otros receptáculos de vida llegan florecimiento y decadencia que, sabiéndolo el sabio, no los teme.

(Ib.)

14 VALENTIA:

Todo lo que estimula nuestra vida, trayéndonos calor, frío, tristezas, es breve y es mudable. ¡Sopórtalo, entonces, como lo hace el sabio!

(Ib.)

15 RESIGNACION:

El alma fuerte, imperturbable, la de calma entera, la que soporta con indiferencia placeres y amarguras, esa vive sin morir en la vida.

(Ib.)

16 ETERNIDAD:

Lo que es jamás dejará de ser, y lo que no es nunca será.

(Ib.)

17 VIDA:

Indestructible es la vida y esparce vida a todo.

(Ib.)

18 INMORTALIDAD:

¡El fin y el principio sólo son sueños . . .! Sin nacer, sin morir y sin cambiar, el espíritu siempre permanece . . .

(Ib.)

19 VERDAD:

Conóceme cual soy ¡Soy la verdad! Agua, tierra, llama, aire, éter, vida, mente, individualidad, esos ocho forman mi espectro actual y están suspendidos de mí, como cuelgan las perlas de su hilo.

(Ib.)

20 BELLEZA:

Soy el sabor fresco del agua; soy plata de la luna y oro del sol, la voz de las plegarias en el Veda, el estremecimiento que pasa por el éter y la fuerza de la simiente lanzada por el hombre.

(Ib.)

21 PRINCIPIO:

Yo soy el buen efluvio de la húmeda tierra; la roja luz del fuego, el aire vital en todo lo que se mueve, la santidad de las almas nimbadas, la raíz inmortal de todo cuanto existe; la cordura del sabio, la inteligencia del conocimiento y la grandeza de lo grande y el esplendor de lo espléndido . . .

(Ib.)

22 SACRIFICIO:

Soy el sacrificio, soy la oración; soy la zarza y la llama, soy el camino y el impulso, el Señor y el Juez; la fuente y el océano de la vida.

(Ib.)

23 PRINCIPIO:

Simiente y Sembrador de donde brotan cosechas sin fin. El soplo ardiente del sol sólo es mío: soy la Muerte, soy la Vida inmortal.

(Ib.)

24 SINCERIDAD:

¡Señor de los hombres que te sirven de verdadero
corazón! ¿Quién va por el camino de la fe y de
la vida?

(Ib.)

25 AMOR:

Aquel que no odia nada de lo que vive y vive benevolente
y compasivo, exento de egoísmos y arrogancias,
inconmovible ante el bien y el mal, a ése bien lo amo.

(Ib.)

26 JUSTICIA:

Aquel que para amigos y adversarios guarda igual
corazón; aquel que permanece igual ante la gloria
como ante la vergüenza, a ése bien lo amo.

(Ib.)

27 EQUIDAD:

Halla la recompensa de hacer el bien por el bien mismo.

(Ib.)

28 SABIO:

Sabio es solamente quien permanece amo de sí mismo.

(Ib.)

29 LUCHA:

Hay que luchar. Nadie llega a la perfección por mera
renuncia.

(Ib.)

30 DEBER:

Cumple con gusto tu deber terrenal y llevarás bien a
cabo tus propósitos divinos.

(Ib.)

31 FORTALEZA:

El mundo es fuerte, pero más fuerte es el hombre que lo gobierna; y es soberana el alma, que gobierna al hombre.

(Ib.)

32 VERDAD:

Aunque fueras el peor de los malvados, la nave de la verdad te conducirá sano y salvo a través del mar de tus transgresiones.

(Ib.)

33 CONOCIMIENTO:

La llama del conocimiento quema por completo la escoria.

(Ib.)

34 MUERTE:

La tristeza de la separación y de la muerte es el más grande de los engaños.

(Mahatma Gandhi.)

35 VIDA:

Si la muerte no fuera el preludio a otra vida, la vida presente sería una burla cruel.

(Ib.)

36 MUERTE:

La muerte no es más que un sueño y un olvido.

(Ib.)

37 NIÑO:

El ser más importante no es el padre ni la madre, sino el niño, pues de él depende el futuro.

(Krishnamurti.)

38 AMOR:

Cuando mi voz calle con la muerte, mi corazón te seguirá hablando.

(Rabindranath Tagore.)

39 PEDAGOGIA:

Sólo yo tengo el derecho de corregir, pues sólo puede castigar quien ama.

(Ib.)

II BUDISMO

Este sistema busca la adquisición de la sabiduría para liberarse de la cadena perpetua de la reencarnación y así llegar al "nirvana".

40 MANDAMIENTOS DEL BUDISTA:

1. No destruyas ninguna vida.
2. No tomes lo que no se te da.
3. No cometas adulterio.
4. No digas ni mentiras ni engaños.
5. No te embriagues.
6. Come con mesura.
7. No contemples danzas ni asistas a espectáculos.
8. No uses guirnaldas, perfumes o adornos.
9. No duermas en lechos lujuriosos.
10. No aceptes oro ni plata.

(*Tripitaka,*
Tres cestos de sabiduría.)

41 IDEAL:

Todo lo que somos es el resultado de lo que hemos pensado; está fundado en nuestros pensamientos y está hecho de nuestros pensamientos.

(Dhamapada.)

42 AMOR:

El odio no disminuye con el odio. El odio disminuye con el amor.

(Ib.)

43 REFLEXION:

La reflexión es el camino hacia la inmortalidad (nirvana); la falta de reflexión, el camino hacia la muerte.

(Ib.)

44 SIN ESPIRITU:

Como flores hermosas, con color, pero sin aroma, son las dulces palabras para el que no obra de acuerdo con ellas.

(Ib.)

45 IGNORANCIA:

Larga es la noche para el que yace despierto; larga es la milla para el que va cansado; larga es la vida para el necio que no conoce la verdadera ley.

(Ib.)

46 SALVACION:

Pocos son entre los hombres los que llegan a la otra orilla; la mayor parte corre de arriba a abajo en estas playas.

(Ib.)

47 HEROISMO:

Ni siquiera un dios puede cambiar en derrota la victoria de quien se ha vencido a sí mismo.

(Ib.)

48 VENCIMIENTO:

El ser mismo de uno mismo es lo más difícil de vencer. Uno mismo es el amo de uno mismo.

(Ib.)

49 PASION:

No hay incendio como la pasión: no hay ningún mal como el odio.

(Ib.)

50 ADELANTO:

Avanzando estos tres pasos, llegarás más cerca de los dioses:

1. Habla con verdad.
2. No te dejes dominar por la cólera.
3. Da, aunque no tengas más que muy poco que dar.

(Ib.)

III JAINISMO

El príncipe Vardhamana, gran héroe o "Mahavira", fundó una nueva filosofía y religión: el Jainismo, cuyo ideal es no conquistar a otros, sino conquistarse a sí mismo.

"Dentro de ti está la salvación", enseñó Mahavira.

51 VIRTUD:

Es difícil conquistarse a sí mismo; pero cuando esto se logra, todo queda conquistado.

(Sutra-Krit-Anga.)

52 IGNORANCIA:

Así como las aves prisioneras no se salen de su jaula, de la misma manera los que ignoran el bien y el mal no escapan de su miseria.

(Ib.)

53 SUFRIMIENTO:

El sabio deberá de considerar que no solamente él sufre; sufren todas las criaturas del mundo.

(Ib.)

54 HEROISMO:

Todos los hombres se consideran héroes en tanto que no divisan al enemigo.

(Ib.)

55 EGOISMO:

El necio está lleno de egoísmo: trabaja de día y de
noche codicioso de riquezas, como si nunca fuera a
llegar a viejo o a morirse.

(Ib.)

56 CIEGO:

Un hombre ciego, aunque lleve en la mano una
luz, no logrará ver.

(Ib.)

57 VICIO:

Aquel a quien guía la pasión no llegará lejos.

(Ib.)

58 VERDAD:

Conociendo la verdad, uno debe vivir de acuerdo con ella.

(Ib.)

IV CONFUCIANISMO

Este sistema filosófico y religioso al mismo tiempo, hace
hincapié en el culto a los antepasados y se esmera en enseñar
lo práctico y lo bueno.

Su gran sistematizador fue Ch'iu K'ung (551 a. C.), el famoso
sabio a quien, desde temprana edad, se le comenzó a llamar
K'ung-fu-tse ("K'ung el Filósofo"), de donde se ha derivado
el nombre de "Confucio".

59 BONDAD:

La naturaleza humana es buena y la maldad es
esencialmente antinatural.

(*Mang-tse,* Las seis perfecciones.)

60 IGNORANCIA:

Entristécete no porque los hombres no te conozcan, sino
porque tú no conoces a los hombres.

(*Analectas.*)

61 SABIDURIA:

Cuando sepas una cosa sostén que la sabes; cuando no la sepas, confiesa que no la sabes. En eso está la característica del conocimiento.

(Ib.)

62 COBARDIA:

Saber lo que es equitativo y no hacerlo, he ahí la cobardía.

(Ib.)

63 CARIDAD:

Un hombre sin caridad en su corazón ¿qué tiene que ver con las ceremonias? Un hombre sin caridad en su corazón ¿qué tiene que ver con la música?

(Ib.)

64 JUSTICIA:

Si pudiéramos aprender, por la mañana, lo que es justo, deberíamos darnos por satisfechos con morir por la tarde.

(Ib.)

65 VIRTUD:

La virtud no habita en la soledad: debe tener vecinos.

(Ib.)

66 JUSTICIA:

Mejor que el hombre que sabe lo que es justo es el hombre que ama lo justo.

(Ib.)

67 LIBERTAD:

Es más fácil apoderarse del comandante en jefe de un ejército que despojar a un miserable de su libertad.

(Ib.)

68 MUERTE:

Sabemos tan poco acerca de la vida. ¿Cómo podremos saber algo acerca de la muerte?

(Ib.)

69 BUENOS MODALES:

Cuando salgas de tu casa, procura ir como si fueras a encontrarte con una persona importante.

(Ib.)

70 EDUCACION:

No enseñarle a un hombre a quien se le puede enseñar es malgastar a un hombre. Enseñar a un hombre a quien no se le puede enseñar es malgastar palabras.
El verdadero sabio no malgastará ni hombres ni palabras.

(Ib.)

Meng-tse (Mencio), (371 a. C.) fue el principal expositor de la doctrina de Confucio. Asimismo, tanto él como Hsün-tse (355 a. C.) se esforzaron por acentuar el espíritu humanista del confucianismo.

71 DOMINIO:

Glorificáis a la naturaleza y meditáis sobre ella ¿Por qué no domesticarla y regularla?

(Hsün-tse, *Chung Yung.*)

72 ARMONIA:

Miráis con reverencia las estaciones y las aguardáis.
¿Por qué no responder a ellas con las actividades de la razón?

(Ib.)

73 HUMANISMO:

Descuidar al hombre y especular sobre la naturaleza es comprender mal los hechos del universo.

(Ib.)

74 EQUIDAD:

El hombre superior busca lo equitativo; el inferior, lo beneficioso.

(Ib.)

75 POBRE:

Es tan difícil ser pobre sin quejarse, como el ser rico sin convertirse en arrogante.

(Ib.)

76 NATURALEZA:

¿Hablan los cielos en alguna ocasión? Las cuatro estaciones llegan y pasan y todas las criaturas medran y crecen.

¡Hablan los cielos en toda ocasión!

(Ib.)

77 IMPOTENCIA:

¿Qué daño le puede hacer un hombre al sol o a la luna?

(Ib.)

78 HOMBRE SUPERIOR:

Aquel que no reconoce la existencia de una ley divina no puede ser llamado "hombre superior".

(Ib.)

V TAOISMO

El taoísmo, filosofía derivada del *Tao Te King,* es un sistema cuyas máximas buscan el camino hacia una humanidad feliz, viviendo en un Estado Ideal.

El *Tao Te King* se atribuye al viejo filósofo Lao-Tse. La doctrina de este viejo filósofo fue comentada y difundida por su discípulo Chuang-tse.

79 HEROE:

El que domina a los otros es fuerte; el que se domina a sí mismo es poderoso.

(*Tao Te King.*)

80 EJEMPLO:

El sabio no enseña con palabras, sino con actos.

(Ib.)

81 GOBIERNO:

La excelencia de un gobierno se juzga por su orden.

(Ib.)

82 VALOR:

El valor de un acto se juzga por su oportunidad.

(Ib.)

83 HUMILDAD:

Lo que le da su valor a una taza de barro es el espacio vacío que hay entre sus paredes.

(Ib.)

84 INMORTAL:

Si practicas la equidad, aunque mueras no perecerás.

(Ib.)

85 FE:

Poca fe se otorga a los que tienen poca fe.

(Ib.)

86 PRINCIPIO:

Hay algo que existía antes de que la tierra y el cielo comenzaran; y su nombre es el sendero (Tao).

(Ib.)

87 NEGRO:

Observa todo lo blanco que hay en torno tuyo, pero recuerda todo lo negro que existe.

(Ib.)

88 TRANQUILIDAD:

La ausencia de deseos nos da tranquilidad.

(Ib.)

89 REFLEXION:

Sin salir uno de su casa puede conocer todo el mundo; sin mirar por la ventana puede uno contemplar el cielo.

(Ib.)

90 OPORTUNIDAD:

Todo lo difícil debe intentarse mientras es fácil.

(Ib.)

91 CONSTANCIA:

Una jornada de mil millas se puede efectuar paso a paso.

(Ib.)

92 PERSEVERANCIA:

Si no puedes avanzar una pulgada, retrocede un pie.

(Ib.)

93 HUMILDAD:

Saber que no se sabe, eso es humildad. Pensar que uno sabe lo que no sabe, eso es enfermedad.

(Ib.)

94 RICO:

El que está satisfecho con su parte es rico.

(Ib.)

95 ACCION:

Dios no recibe respuestas con palabras.

(Ib.)

VI SHINTOISMO

Originariamente los japoneses adoraban la naturaleza y a los dioses, que consideraban parecidos a los hombres.

Posteriormente adoptaron varios elementos culturales de los chinos, entre ellos la religión, revestida de sus propias creencias. A esta religión los chinos la llamaron "El Camino de los Dioses" (*Shin-tao*).

96 DIOS:

¿Para qué buscar lo divino a la distancia? Se encuentra en todos los objetos en torno de nosotros.

(Inazo Nitobe.)

97 JUSTICIA:

¿Para qué buscar en otro sitio la justicia y la bondad? El hecho de vivir una vida natural es ser justo y bueno.

(Ib.)

98 MAL:

No existe el mal en la naturaleza. El mal es la falta de moderación.

(Ib.)

99 ACCION:

La mano es más poderosa que la boca.

(Código del caballero.)

100 SANCION:

Tanto el cielo como el infierno provienen del propio corazón de uno.

(El camino de los dioses.)

101 FRATERNIDAD:

Todos los hombres son hermanos: todos reciben las bendiciones del mismo cielo.

(Ib.)

102 AUXILIO (divino):

Con Dios no existen ni el día ni la noche, ni lo distante ni lo cercano.

(Ib.)

103 SINCERIDAD:

Si tus plegarias fracasan en ayudarte, algo le falta a tu sinceridad.

(Ib.)

104 SINCERIDAD:

No profeses amor con tus labios, en tanto que abrigas odio en tu corazón.

(Ib.)

105 IMITACION:

Practica el camino de los dioses.

(Preceptos del *Shinshu Kyo*.)

106 PURIFICACION:

Limpia la herrumbre de tu corazón.

(Ib.)

VII PREHISPANICOS (México)

Los aztecas fueron un pueblo profundamente espiritual y religioso, adornado de numerosas virtudes.

Los sacrificios humanos con que se ha querido desacreditarlos, son una manera de pagar, con propia sangre humana, el sacrificio de los dioses para que el hombre tuviera vida en este mundo.

107 ETERNIDAD:

Cuando morimos no en verdad morimos: seguimos viviendo, despertamos.

(Informantes de Sahagún,
Código Matritense.)

108 VANIDAD:

¿Dónde andaba tu corazón? ¿Así das tu corazón a cada cosa? Sin rumbo lo llevas . . .

(Quetzalcóatl.)

109 CADUCIDAD:

¿Acaso de veras se vive en la tierra? . . . Aunque sea de jade se quiebra, aunque sea de oro se rompe, aunque sea pluma de quetzal se desgarra . . .

(Netzahualcóyotl.)

110 MORTALIDAD:

¿A dónde iremos donde la muerte no exista?

(Ib.)

111 DIVINIDAD:

Nosotros sabemos a quién se debe la vida, a quién se debe el nacer, el ser engendrados, a quién se debe el crecer; cómo hay que invocar, cómo hay que rogar.

(*Coloquio de los doce,*
Ibargüengoitia.)

112 FILOSOFO:

El *tlamatini* (filósofo): una luz. . .
Es camino y guía veraz para todos.
Aplica su luz sobre el mundo,
conoce lo que está sobre nosotros
y lo que está en la región de los muertos.
Conforta el corazón, conforta la mente.

(Ib.)

113 INMORTALIDAD:

Allá, en el otro mundo, es donde no hay muerte.

(Netzahualcóyotl.)

114 CADUCIDAD:

Por un breve tiempo, como flor de elote,
venimos a lucir aquí en la tierra.
Pero sólo venimos a marchitarnos.

(Ib.)

115 TRISTEZA:

¿He de irme como las flores que perecieron? ¿Nada quedará de mi fama aquí en la tierra? Al menos mis flores, al menos mis cantos. . .

(Tecayehuatzin.)

116 ANIMO:

Ahora, oh amigos, escuchad una palabra de sueño:
Cada primavera nos hace vivir, la dorada mazorca nos refrigera . . . Sabemos, al menos, que son verdaderos los corazones de nuestros amigos.

(Idem.)

VIII PRESOCRATICOS

VERSOS DORADOS

Los Versos Dorados son una recopilación de sentencias de los discípulos de Pitágoras, que revelan la preocupación moralista de la escuela pitagórica.

117 DIOSES:

Honra a los dioses inmortales del modo establecido por la ley.

(No. 1.)

118 AMISTAD:

Haz tu mejor amigo a quien sobresale por sus virtudes.
(No. 5.)

119 AMABILIDAD:

Sé amable con tus palabras y útil con tus obras.
(No. 6.)

120 PODER:

Ten en cuenta que el poder está muy cerca de la necesidad.
(No. 8.)

121 TEMPLANZA:

Acostúmbrate a dominar el estómago y el sueño, el impulso sexual y la ira.

(No. 10.)

122 JUSTICIA:

Sé justo en palabras y obras.
(No. 13.)

123 MUERTE:

No olvides que la muerte es el destino de todos.
(No. 15.)

124 MESURA:

Entiende por justa medida lo que no te cause dolor.
(No. 34.)

125 CONCIENCIA:

No permitas que el dulce sueño cierre tus ojos
sin haber repasado lo que hayas hecho durante el día.
(No. 40.)

126 AUXILIO DIVINO:

Antes de empezar cualquier tarea,
pide a los dioses que santifiquen tu esfuerzo.
(Nos. 48 y 49.)

127 DIVINIDAD:

¡Hombre! Ten confianza, porque la raza de los mortales
es de origen divino.
(No. 63.)

128 LIBERACION:

Cuando sea curada tu alma quedarás libre de todos
los males.
(No. 66.)

129 ESPIRITUALIDAD:

Una vez que te hayas liberado de tu envoltura carnal,
irás al éter impalpable.

(No. 70.)

130 INMORTAL:

Y serás inmortal:
un dios incorrupto en vez de mortal.

(No. 71.)

PITAGORAS (582-507)

Fue el primero que se llamó a sí mismo "filósofo", esto
es, "apasionado amante de la sabiduría".
Fundó una especie de secta religiosa en la que se practicaba
el ascetismo, se aceptaba la inmortalidad del alma humana y
se creía que el elemento formador de todos los seres no era
algo material, sino el número y la distribución numérica de
los elementos.

131 HOMBRES:

¡Oh legislador! No me des leyes para los pueblos,
sino pueblos para las leyes.

(Ib.)

132 FUENTE:

Tú verás que los males de los hombres
son fruto de su elección;
y que la fuente del bien la buscan lejos,
cuando la llevan dentro de su corazón.

(Ib.)

133 ALMA:

En tres partes se divide el alma humana:
en mente, en sabiduría y en ira.

(Ib.)

134 SABIDURIA:

La ira se halla también en los otros animales;
la sabiduría, sólo en el hombre.

(Ib.)

135 LIBERTAD:

Lo máximo que tiene el hombre es el alma,
que lo induce al bien o al mal.

(Ib.)

136 ARMONIA:

La virtud es la armonía.
La amistad es una igualdad armónica.

(Ib.)

HERACLITO DE EFESO (535-475)

Considerado como el filósofo del "cambio", su doctrina
se puede condensar en su célebre frase: "Todo fluye".
Enseñó que el origen de todo es el "fuego" (energía eterna),
de donde todo sale y hacia donde todo retorna.

137 RAZON ETERNA:

Los hombres no han llegado al conocimiento
del *logos* (razón), que ha existido siempre.

(*Sobre la naturaleza*, No. 1.)

138 PURIFICACION:

Los hombres intentan purificarse manchándose de sangre.
Es como si, después de haberse manchado con barro,
quisieran limpiarse con barro.

(Ib., 5.)

139 DEVENIR:

El sol es nuevo cada día.

(Ib., 6.)

140 VALORACION:
Los asnos prefieren la paja al oro.
(Ib., 9.)

141 MOVIMIENTO:
Son distintas las aguas que cubren
a los que entran en el mismo río.
(Ib., 12.)

142 REALIDAD:
Muerte es todo lo que vemos despiertos;
sueño lo que vemos dormidos.
(Ib., 21.)

143 DINERO:
Los buscadores de oro cavan mucho y hallan poco.
(Ib., 22.)

144 LEY:
La única ley está en obedecer la voluntad del Uno.
(Ib., 33.)

145 SABIDURIA:
No hay más que una sabiduría:
comprender el *logos,* que lo gobierna todo.
(Ib., 41.)

146 DEVENIR:
Entramos y no entramos en el mismo río. Somos y
no somos.
(Ib., 49.)

147 RELATIVO:
Los médicos cortan, queman, torturan . . . Y haciendo a
los enfermos un bien, que más parece mal, exigen una
recompensa que casi no merecen.
(Ib., 58.)

148 MORTAL:
Inmortales mortales, mortales inmortales. Nuestra vida
es la muerte de los primeros y su vida es nuestra muerte.
(Ib., 62.)

149 TODO:

Dios es día y noche, invierno y verano, guerra y paz, abundancia y hambre.

(Ib., 102.)

150 JUICIO HUMANO:

Para Dios todo es hermoso, bueno y justo. Los hombres han concebido lo justo y lo injusto.

(Ib., 102.)

151 RELATIVIDAD:

En el círculo se confunden el principio y el fin.

(Ib., 103.)

152 PROVIDENCIA:

No es bueno para los hombres que suceda cuanto desean.

(Ib., 110.)

153 CONTRASTE:

La enfermedad hace agradable la salud; el hambre la saciedad; la fatiga el reposo.

(Ib., 111.)

154 CONCIENCIA:

A todo hombre le es concedido conocerse a sí mismo y meditar sabiamente.

(Ib., 116.)

155 MISTERIO:

A la naturaleza le gusta ocultarse.

(Ib., 11.)

156 ESPERANZA:

Sin esperanza no se encuentra lo inesperado.

(Ib.)

157 INJURIA:

Más vale apagar una injuria que apagar un incendio.

(Ib.)

158 DESCONOCIDO:

Los perros sólo ladran a quienes no conocen.

(Ib.)

159 LEY ETERNA:

Todas las leyes humanas se alimentan de la ley divina.

(Id.)

PARMENIDES DE ELEA (540-439)

Preocupado por la aparente oposición entre la razón y los sentidos, estableció que no existe el movimiento, ni existen muchos seres; que existe un único ser inmutable; que, por consiguiente, nuestros sentidos nos engañan.

160 SER, IDENTIDAD:
El Ser es y el No-Ser no es.
(Poema del Ser II.)

161 NO-SER:
Que el No-Ser existe es un absurdo.
(Ib., II-5.)

162 PENSAMIENTO:
Porque el pensar y el ser son una y la misma cosa.
(Ib., III.)

163 ABSURDO:
Jamás causa alguna hará que el No-Ser sea.
(Ib., VIII.)

164 ATRIBUTOS:
El Ser es necesario e imperecedero, inmutable
y sin fin.
No fue jamás, ni será; pues es ahora en toda su plenitud.
(Ib., VIII.)

HESIODO (Siglo VIII a. C.)

165 HAMBRE:
El hambre es la compañera inseparable del perezoso.
(Los trabajos y los días.)

166 OCIOSIDAD:
No es el trabajo el que envilece, sino la ociosidad.
(Ib.)

167 VERGÜENZA:

La vergüenza viene en ayuda de los hombres o los envilece.

(Ib.)

168 PRUDENCIA:

Sé prudente. Lo mejor en todo es escoger la ocasión.

(Ib.)

169 HABLAR MAL:

Si hablas mal, se hablará de tí peor.

(Ib.)

170 RESPETO:

Si te presentas en medio de un sacrificio, respeta los misterios.

(Ib.)

171 MALO:

No seas compañero de los malos ni calumniador de los buenos.

(Ib.)

TALES DE MILETO (625-546)

Fundador de la escuela de los milecios, es, como dice Aristóteles, el padre de la Filosofía, por haber sido el primero en indagar de qué elemento están hechos todos los seres.

172 DIOS:

Dios es la inteligencia del mundo.

(R.P. 11.)

173 PANTEISMO:

Todo es animado y todo está lleno de dioses.

(R. P. 13.)

174 DIVINIDAD:

Una fuerza divina penetra la húmedo elemental y
lo mueve.

(R. P. 14.)

175 PRIMER ELEMENTO:

El agua es el elemento y principio de las cosas.

(Ib.)

ANAXIMANDRO (610 a. C.)

176 PRINCIPIO:

El principio *(arje)* y elemento de las cosas es lo
indefinido (*ápeiron*).

(*Sobre la naturaleza.*)

177 ILIMITADO:

Lo ilimitado no tiene principio pues, en tal caso,
sería limitado.

(Ib.)

178 INGENITO:

Lo indefinido es ingénito e incorruptible, pues lo que
comienza necesariamente tiene un fin; y toda
corrupción tiene un término.

(Ib.)

179 DIVINO:

Lo indefinido es divino, pues es inmortal e imperecedero.

(Ib.)

180 SEPARACION:

Las cosas se originan por la separación de los contrarios.

(Ib.)

ANAXIMENES (585-528)

181 CONTRARIOS:
Los contrarios supremos, principios de toda generación, son el frío y el calor.

182 AIRE:
Todas las cosas se originaron por el grado de condensación o enrarecimiento del aire, a causa del frío y del calor.

183 ALMA:
Como el alma, que es aire, nos conserva en la vida, el aliento y el aire envuelven y mantienen el mundo.

JENOFANES (580-480)

184 ANTROPOMORFISMO:
Los hombres se imaginan a los dioses engendrados como ellos y revestidos de las mismas formas.

185 INTROPOMORFISMO:
Si los leones y los toros supieran pintar, pintarían a los dioses como toros y leones.

186 MENTE DIVINA:
Dios hace temblar, con su mente, todas las cosas.

MENANDRO (343-290)

187 CONSTANCIA:
Ningún hombre se ha hecho rico de momento.

188 HUMANISMO:
¡Qué amable cosa es el hombre cuando es verdaderamente hombre!

189 ALTRUISMO:
Una mano lava a la otra. (*Manus manum lavat*)

JENOCRATES (339-315)

190 PRUDENCIA:

Muchas veces me he arrepentido de haber hablado; de haber callado, nunca.

ANTIFANES (Siglo IV a. C.)

191 AMBICION:

El afán de riquezas oscurece el sentido de lo justo
y lo injusto.

EMPEDOCLES (490-430)

Es conocido como el "filósofo de los elementos", pues enseñó que todas las cosas están hechas de estos cuatro elementos: Fuego (Zeus), tierra (Hera), aire (Edoneus) y agua (Nestis).

Estos elementos, dijo, algunas veces se juntan y se únen atraídos por el Amor, y otras veces se separan y se disgregan a impulsos del odio de la Discordia.

192 ELEMENTOS:

Oye primero las cuatro raíces de todas las cosas: Zeus brillante, Hera que vivifica, Edoneus y Nestis.

(Sobre la naturaleza.)

193 NACIMIENTO:

No hay nacimiento de ninguno de los seres mortales, ni acaban con la muerte funesta.

(Ib.)

194 SEPARACION:

No hay más que mezcla y separación de lo que se había mezclado.

(Ib.)

195 AMOR Y ODIO:

Una vez las cosas se juntan en uno por el Amor; otra se separan las unas de las otras a impulsos del odio de la Discordia.

(Sobre la naturaleza.)

196 METEMPSICOSIS:

Cuando alguno de los espíritus a quienes ha tocado en suerte una vida de bienaventuranza comete la falta de manchar sus manos con sangre o cuando, a instigación de la Discordia, ha pronunciado algún falso juramento, deberá andar errante de la morada de los bienaventurados durante tres veces diez mil años, naciendo bajo toda clase de formas mortales, cambiando siempre una senda penosa de vida por otra. . .

(Ib.)

197 DESTERRADO:

Soy un desterrado y errante de los dioses por haber puesto mi confianza en la loca Discordia.

(Ib.)

198 ABSURDO:

Es imposible que algo llegue a ser de lo que de ninguna manera es.

(Ib.)

199 IMPOSIBLE:

Que el ser sea aniquilado es imposible e inaudito.

(Ib.)

DEMOCRITO DE ABDERA (460-370)

Opinó que todos los seres están constituidos por partículas indivisibles ("átomos") y vacío.

200 VIRTUD:

En lo material la bella medianía es más segura que la megalomanía.

(Fragmentos de moral.)

201 IGNORANCIA:

En realidad sabemos nada de nada. La opinión es sólo afluencia de figuras.

(Ib.)

202 ESTAR MURIENDO:

No vivir cuerdamente, ni sensatamente, ni piadosamente, no es tan sólo vivir mal, sino estar muriendo poco a poco.

(Ib.)

203 AZAR:

El azar es magnífico dador, pero inconstante.

(Ib.)

204 NATURALEZA:

La naturaleza se basta a sí misma; por esto vence con lo menos y con lo seguro, las demasías de la esperanza.

(Ib.)

205 ASEQUIBLE:

Hay que tener buen sentido y contentarse con lo que está al alcance de la mano.

(Ib.)

206 VALIENTE:

Viril no es el que domina en la guerra, sino el que se domina en los placeres.

(Ib.)

207 COBARDES:

No falta quienes mandan sobre las ciudades pero, en cambio, son gobernados por mujeres.

(Ib.)

08 VORACIDAD:

El apetito de más y más cosas hace perder lo presente, tal como le pasó al perro de Esopo.

(Ib.)

209 VIRILIDAD:

La virilidad hace pequeñas a las calamidades.

(Ib.)

210 PERVERSION:

No es el cuerpo, sino la perversión de la estimativa la que desea lo trabajoso y estrecho y la que atormenta la vida.

(Ib.)

211 MAL:

Los hombres se acuerdan más de lo mal hecho que de lo bien hecho.

(Ib.)

SIMPLICIO (Siglo VI a. C.)

212 ATOMOS:

Los cuerpos están formados por partículas indivisibles (átomos) y se descomponen en estos mismos.

(54-A-13.)

ANAXAGORAS DE CLAZOMENE (500-427)

Pensó que los seres materiales estaban formados por infinidad de partículas parecidas a los átomos de Demócrito, pero cualitativamente diferentes.

Fue el primero en opinar que un principio inmaterial, una inteligencia *(Nous)*, es el creador y rector del universo.

213 SIMIENTE:

Es preciso suponer que en todo lo que se combina hay muchas cosas de todas clases, y semillas de todas las cosas, que tienen formas diversas y colores y sabores diferentes.

(Anaxágoras, *R. P.* 159.)

214 NOUS:

Todas las cosas participan de todo, mientras que el *Nous* es infinito y se gobierna a sí mismo y no está mezclado con nada.

(Ib.)

215 ESPIRITU:

El *Nous* conoce todas las cosas y ordenó todas las cosas que van a ser y las que fueron y las que son ahora y las que no son.

(Ib.)

216 CONOCIMIENTO:

El *Nous* es lo más ligero y lo más puro de todas las cosas. Tiene un conocimiento total de cada cosa y es la máxima fuerza.

(Ib.)

217 ORDENADOR:

Y el *Nous* ordenó esta revolución que realizan ahora los astros y el sol y la luna y el aire y el éter que se separan.

(Ib.)

TEOGNIS DE MEGARA (Siglo VI a. C.)

218 JUSTICIA:

En la justicia se hallan representadas todas las virtudes.

PROTAGORAS (480-410)

219 SUBJETIVISMO:

El hombre es la medida de todas las cosas:
de lo que existe para decidir que existe,
de lo que no existe para decidir que no existe.

GORGIAS (487-380)

220 SUBJETIVISMO:

Nada existe. Si algo existe, no lo podemos
conocer. Si lo pudiéramos conocer, no lo
podríamos enseñar a los demás.

VARIOS FILOSOFOS

221 LUCHA:

La vida es lucha.

(Eurípides.)

222 DEMAGOGIA:

El camino más corto para arruinar un país es dar el
país a los demagogos.

(Dionisio de Halicarnaso.)

223 GOBERNAR:

Gobernar significa rectificar.

(Confucio.)

224 CONCIENCIA:

No hay testigo más terrible ni acusador tan potente
como la conciencia.

(Polibio.)

225 RECUERDO:

No hay mayor dolor que acordarse, durante la miseria,
del tiempo feliz.

(Dante.)

226 SABIDURIA:

Las puertas de la sabiduría nunca están cerradas.

(Benjamín Franklin.)

227 INCREDULIDAD:

El primer paso hacia la filosofía es la incredulidad.

(Diderot.)

228 ESCRITOR:

Si deseas ser un escritor, escribe.

(Epicteto.)

229 SOCIEDAD:

Lo que no es bueno para el enjambre no es bueno para la abeja.

(Marco Aurelio.)

230 PAZ:

La paz más desventajosa es mejor que la guerra más justa.

(Erasmo.)

231 ESPERANZA:

El desdichado no tiene otra medicina que la esperanza.

(Shakespeare.)

232 AMOR:

El amor es un símbolo de eternidad.

(Madame de Staël.)

233 AMOR:

El amor no mira con los ojos, sino con el espíritu.

(Shakespeare.)

234 AMOR:

No hay nada más santo en esta vida que la primera revelación del amor, el palpitar primero de sus alas de seda. . .

(Longfellow.)

235 INSURRECCION:

Cuando el gobierno viola los derechos del
pueblo, la insurrección es el más sagrado
de los derechos y el más indispensable
de los deberes.

(La Fayette.)

IX PENSADORES GRIEGOS

SOCRATES (469-399)

Preocupado por el carácter humanista y religioso que debe
tener la "sabiduría", destacó principalmente en la moral.

En sus discusiones y conversaciones practicó su célebre
"método mayéutico", que consistía en ir ayudando al alumno, por medio de preguntas, a concebir la verdad.

236 COMUNICACION:

Habla para que yo te conozca.

237 HAMBRE:

¿No sabes que quien come con apetito no ha menester
condimento?
¿Que quien bebe con gusto no desea la
bebida que no tiene?

(Jenofonte,
Recuerdos socráticos, 1-6.)

238 RUIN:

Las almas ruines sólo se dejan conquistar con presentes.
(Ib., II-3.)

239 GENTILEZA:

Los hombres bellos y buenos se conquistan con
la gentileza.

(Ib.)

240 AMIGO:

Los servicios que las manos nos hacen no superan lo que hace un buen amigo.

(Ib., II-4.)

241 MANDO:

Reyes o gobernantes no son los que llevan cetro, sino los que saben mandar.

(Ib., III-9.)

242 SACRIFICIO:

¿Quién capitulará más pronto: el que necesita las cosas difíciles o quien se sirve de lo que buenamente se puede hallar?

(Ib., I-6.)

243 VERGÜENZA:

¿No te parece que es una vergüenza para el hombre que le suceda lo que a los más irracionales de los animales?

(Ib., II-1.)

244 SALSA:

La mejor salsa es el hambre. *(Cibi condimentum fames.)*

(Ib., II.)

245 FILOSOFIA:

Filosofía es la búsqueda de la verdad como medida de lo que el hombre debe hacer y como norma para su conducta.

(Idem.)

246 SABIDURIA:

Yo sólo sé que no sé nada.

(Apología.)

247 SABIO:

El más sabio entre vosotros es el que, como Sócrates, reconoce que su sabiduría es nada.

(Ib.)

248 SABIO:

Sólo Dios es el verdadero sabio.

(Ib.)

PLATON (427-347)

Ilustre ateniense, simpatizador de las ideas de Heráclito, conoció a Sócrates, de quien habría de ser el más ilustre e íntegro representante.

Acérrimo defensor de la inmortalidad del alma humana, es partidario de un idealismo exagerado y piensa que las cosas son como sombras de las ideas.

Para la exposición de sus doctrinas escogió el método del "Diálogo".

Consideraba que los gobernantes, para ser buenos, deberían de ser filósofos.

249 REALISMO:

No es en los nombres, sino en las cosas mismas, donde es preciso buscar la verdad.

(Crátilo.)

250 INMORTALIDAD:

Dicen que el alma humana es inmortal; que tan pronto desaparece (que llaman morir), como reaparece; pero que no perece jamás.

(Menón.)

251 SANTAMENTE:

Por esto es preciso vivir lo más santamente posible, pues Perséfone, al cabo de muchos años, vuelve a esta vida las almas de quienes ya han pagado la deuda de sus últimas faltas.

(Ib.)

252 REMINISCENCIA:

Todo se liga en la naturaleza, y el alma todo lo ha
aprendido.
Recordando una sola cosa (a lo que los hombres llaman
aprender), encontrará en sí misma todo lo demás.

(Ib.)

253 REMINISCENCIA:

Todo lo que se llama estudiar y aprender no es otra
cosa que recordar.

(Ib.)

254 LEGISLADOR:

El legislador no debe proponerse la felicidad de cierto
orden de ciudadanos con exclusión de los demás, sino
la felicidad de todos.

(*República.*)

255 VIVIR:

Aprendiendo a morir se aprende a mejor vivir.

(*Fedón.*)

256 GOBERNANTES:

A vosotros (filósofos-políticos) os hemos formado en
interés del Estado tanto como en el propio vuestro,
para que seáis en nuestra República nuestros jefes y
vuestros reyes.

(*República.*)

257 GOBIERNO:

Allí donde el mando es codiciado y disputado no
puede haber buen gobierno ni reinará la concordia.

(Ib.)

258 RECTITUD:

El alma mala gobernará mal; y la que es buena todo lo
hará bien.

(Ib.)

259 AMOR:

¿De qué es amor el amor?

(Banquete, 198.)

260 AMOR:

El amor es un gran demonio (espíritu); y todo lo que es demoniaco se encuentra entre el dios y el hombre.

(Banquete.)

261 AMOR:

Es el deseo de las cosas bellas y buenas.

(Ib.)

262 FELIZ:

Por la posesión de las cosas buenas y bellas es por lo que son felices los que son felices.

(Ib.)

263 GENERACION:

Siendo el hombre mortal, la generación es lo que tiene de inmortal y eterno.

(Ib.)

264 INMORTALIDAD:

Los hombres viven celosos de la inmortalidad.

(Ib.)

265 PRINCIPIO:

Un principio no puede ser producido, pues, si lo fuera, dejaría de ser principio.

(Fedro.)

266 INMORTAL:

Lo que se mueve por sí mismo es inmortal.

(Ib.)

267 ALMA:

El poder de moverse a sí mismo es la esencia del alma.

(Ib.)

268 CIENCIA:

En torno de la esencia está la morada de la ciencia.

(Ib.)

269 VERDAD:

Hay que tener el valor de decir la verdad, sobre todo cuando se habla de la verdad.

(*Fedro*, 245.)

270 MUERTE:

El filósofo auténtico se ejercita en morir, y para nadie es menos temible la muerte.

(*Fedón*, 64.)

271 INMORTAL:

Cuando la muerte se precipita sobre el hombre, la parte mortal se extingue; pero el principio inmortal se retira y se aleja sano y salvo.

(Ib.)

272 BELLEZA:

Si hay algo que le dé valor a esta vida es la contemplación de la belleza.

(*Banquete.*)

273 BELLEZA:

La belleza del alma es más preciosa que la belleza del cuerpo.

(Ib.)

274 DEVENIR:

Es necesario diferenciar las cosas: lo que siempre existe sin haber nacido, y lo que siempre está comenzando sin jamás llegar a ser.

(*Timeo.*)

275 CAUSA:

Todo lo que nace proviene necesariamente de una causa; pues sin causa nada puede tener origen.

(Ib.)

276 CREADOR:

¿Quién es, pues, el creador y padre de este universo? Difícil es encontrarlo; y cuando se ha encontrado, imposible hacer que la multitud lo conozca.

(Ib.)

277 JUSTICIA:

Cada uno de nosotros sólo será justo en la medida en que haga lo que le corresponde.

(*República.*)

ARISTOTELES (385-322)

"El Filósofo", según Santo Tomás de Aquino, nació en Estagira. Venido a Atenas, ingresó a la Academia de Platón hasta acaecida la muerte de éste.

Separado de la Academia, fundó el Liceo, donde expuso sus doctrinas, en muchos puntos diversas,comparadas con las de su maestro.

Según él, el entendimiento nace como una página en blanco y en él, mediante la sensación y la imagen, son copiadas las ideas de los objetos que contemplamos.

Estableció como base de su sistema la "Teoría del Acto y la Potencia", según la cual debe existir un Ser perfecto e inmutable, parecido al Ser de Parménides, y que es "ACTO PURO" o perfección pura; y todos los demás seres, imperfectos, tienen la posibilidad de aumentar su perfección, por lo cual están en "POTENCIA".

Estableció el método lógico, consistente en la demostración rigurosa de la verdad, a través de la deducción.

278 IMITACION:
El imitar es connatural al hombre.
(Política, 4.)

279 INSTRUMENTO:
El cuerpo es el instrumento del alma.
(Etica Eudemia, VII-9.)

280 ALMA:
El alma es aquello por lo que vivimos, sentimos y pensamos.
(De anima, III-10.)

281 INMORTALIDAD:
No hay que prestar atención a quienes nos aconsejan, so pretexto de que somos hombres,
no pensar más que en las cosas humanas y,
so pretexto de que somos mortales, renunciar a las cosas inmortales.
(Ib., III-2.)

282 BELLEZA:
La belleza del nombre está o en la sonoridad, o en el significado.
(Retórica, III-2.)

283 EQUIVOCO:
Las cosas se llaman equívocas cuando tan sólo tienen de común el nombre.
(Categorías, I.)

284 PREDICADO:
Los predicados del predicado se extienden también al sujeto.
(Ib., 3.)

285 DEFINICION:
Una definición es una frase que significa la esencia de una cosa.
(Tópicos, I-3.)

286 PRINCIPIO:

Es necesario que haya uno o varios principios
y aun, en caso de existir uno solo,
que este sea inmóvil e inmutable.

(*Física*, I-2.)

287 MOVIMIENTO:

El movimiento no existe fuera de las cosas, pues todo
lo que cambia, o cambia en el orden de la sustancia
o en la cantidad, o en la calidad, o en el lugar.

(Ib., III-1.)

288 TIEMPOS:

El instante es la continuidad del tiempo,
pues une el tiempo pasado con el tiempo futuro.

(Ib., IV-13.)

289 MOTOR:

Todo lo que se mueve es movido por otro.

(Ib., VII-1.)

290 PRIMER MOTOR:

El primer motor debe ser inmóvil.

(Ib., VIII-6.)

291 ALMA:

Todos o casi todos distinguen el alma por tres
de sus atributos: el movimiento, la sensación y la
incorporeidad.

(*De anima*, I-2.)

292 MOTOR:

La mente y el apetito producen el movimiento.

(Ib., III-10.)

293 RAZON:

La mente siempre tiene razón, mientras que el
apetito y la imaginación pueden equivocarse.

(Ib.)

48

294 FIN ULTIMO:

Es evidente que todos los fines no son fines
perfectos.
Pero el bien supremo constituye, de alguna manera,
un fin perfecto.

(Ib.)

295 POLITICO:

Por su naturaleza el hombre es un animal político.

(*Política,* I-1.)

296 VIRTUD:

La virtud es una disposición voluntaria adquirida,
que consiste en un término medio entre dos extremos
malos, el uno por exceso y el otro por defecto.

(*Etica Nicomaquea,* II-6.)

297 AMISTAD:

Si los ciudadanos practicasen entre sí la amistad,
no tendrían necesidad de la justicia.

(Ib., VIII-1.)

298 POLITICA:

El fin de la política debe ser el bien del hombre.

(Ib., I-2.)

299 FILOSOFIA:

Es preciso que la filosofía sea un saber especial,
de los primeros principios y de las primeras causas.

(*Metafísica,* I-2.)

300 CURIOSIDAD:

Todo hombre, por naturaleza, desea saber.

(Ib., I-1.)

301 SABIO:

El que posee las nociones más exactas sobre las causas de las cosas y es capaz de dar perfecta cuenta de ellas en su enseñanza, es más sabio que todos los demás en cualquier otra ciencia.

(Ib., I-2.)

302 CAUSAS:

Hay cuatro causas:
La primera es la esencia (la forma propia de cada ser).
La segunda es la materia.
La tercera es el principio del movimiento.
La cuarta es la causa final de las cosas: el bien,
porque el bien es el fin de toda producción.

(Ib., II-2.)

303 VERDAD:

Nunca se alcanza la verdad total,
ni nunca se está totalmente alejado de ella.

(Ib., II-1.)

304 ACCION:

El fin de la ciencia especulativa es la verdad,
y el fin de la ciencia práctica es la acción.

(Ib., II-1.)

305 DUDA:

Es de importancia, para quien desee alcanzar
una certeza en su investigación, el saber
dudar a tiempo.

(Ib., III-1.)

306 IGNORANCIA:

No se puede desatar un nudo sin conocer cómo
está hecho.

(Ib., III-1.)

307 EDUCACION:
Las enseñanzas orales deben acomodarse
a los hábitos de los oyentes.
(Ib., II-1.)

308 PREFERENCIA:
Dondequiera que haya un mejor y un peor,
la prioridad está de parte de lo mejor.
(Ib., III-3.)

309 GENERACION, PRODUCCION:
Si nada hay eterno, no es posible la producción
ni la generación.
(Ib., III-4.)

310 APARIENCIA:
Los dialécticos y los sofistas, en sus disquisiciones,
se revisten de la apariencia de filósofos.
(Ib., IV-2.)

311 EDUCACION:
No hay que empezar siempre por la noción primera
de las cosas que se estudian, sino por aquello
que puede facilitar el aprendizaje.
(Ib., V-1.)

312 PRACTICA:
A fuerza de construir bien,
se llega a ser buen arquitecto.
(*Etica Nicomaquea*, II-1.)

313 INCLINACION:
Cuanto más nos inclina la naturaleza a los placeres,
tanto más propensos somos a la licencia
que a la decencia.
(Ib., II-8.)

314 MOVIMIENTO:

Movimiento es el paso de la potencia al acto.
   (*Transitus a potentia ad actum.*)
                    (*Física,* III-1.)

315 TIEMPO:

Tiempo es la medida del movimiento entre dos instantes.
   (*Mensura motus secundum prius et posterius.*)
                    (Ib., IV-2.)

316 FIN:

La verdadera causa final reside
en los seres inmóviles.

                    (*Metafísica,* XII-7.)

317 AMOR:

El ser inmóvil mueve como objeto del amor,
y lo que él mueve imprime el movimiento a todo
lo demás.

                    (Ib.)

318 MEMORIA:

Gracias a la memoria se da en los hombres
lo que se llama experiencia.
                    (Ib., I-1.)

319 EVIDENCIA:

Así como los ojos de los murciélagos se ofuscan
a la luz del día, de la misma manera a la inteligencia
de nuestra alma la ofuscan las cosas evidentes.
                    (Ib., II-1.)

320 CAUSA:

Es causa aquello de donde proviene el primer
principio del cambio o del reposo.
                    (*Física,* II-3.)

321 AMISTAD:
La amistad perfecta es la de los buenos y de aquellos
que se asemejan por la virtud. Ellos se desean
mutuamente el bien en el mismo sentido.
(*Etica Nicomaquea,* VIII-3.)

322 BESTIALIDAD:
La bestialidad es un mal menor que la perversidad,
pero es más temible.
(Ib., VII-6.)

323 SOBRIEDAD:
El hombre que se mantiene en el justo medio
lleva el nombre de sobrio y moderado.
(Ib., VII-7.)

324 PALABRAS:
Los discursos inspiran menos confianza que las acciones.
(Ib., X-1.)

325 MUCHEDUMBRE:
La multitud obedece más a la necesidad que a la razón,
y a los castigos más que al honor.
(Ib., X-9.)

326 RAZONAMIENTO:
El género humano tiene, para saber conducirse,
el arte y el razonamiento.
(*Metafísica,* I-1.)

327 VIDA:
Lo que tiene alma se distingue de lo que no la tiene
por el hecho de vivir.
(*De anima,* II-2.)

328 DIVINIDAD:
Si el espíritu es un atributo divino, una existencia
conforme al espíritu será verdaderamente divina.
(Ib., X-3.)

329 IGNORANCIA:

Es ignorancia no saber distinguir entre lo que
necesita demostración y lo que no la necesita.

(Metafísica, IV-4.)

330 DEMOSTRACION:

Es absolutamente imposible demostrarlo todo.

(Ib.)

331 SOCIABILIDAD:

La necesidad ha hecho aparearse a quienes no pueden
existir el uno sin el otro, como son el varón y la mujer.

(Ib.)

332 SOCIEDAD:

La ciudad *(polis)* es una de las cosas que existen
por naturaleza; y el hombre es, por naturaleza,
un animal político.

(Política, I-1.)

333 EQUIDAD:

Piénsase que lo justo es lo igual, y así es;
pero no para todos, sino para los iguales.
Piénsase, por el contrario, que lo justo es lo desigual,
y así es, pero no para todos, sino para los desiguales.

(Política, III-5.)

334 LEY:

Es preciso preferir la soberanía de la ley
a la de uno de los ciudadanos.

(Ib., III-5.)

335 GOBIERNO:

No hace falta un gobierno perfecto;
se necesita uno que sea práctico.

(Ib.)

336 MANDO:

El mando de muchos no es bueno; basta un solo jefe.

(Ib.)

337 ARTE:

En parte, el arte completa lo que la naturaleza
no puede elaborar y, en parte, imita a la naturaleza.

(Ib.)

338 ESTILO:

El buen estilo debe ser, ante todo, claro.

(Ib.)

339 ADULACION:

Los tiranos se rodean de hombres malos
porque les gusta ser adulados.

(Ib.)

340 ADULACION:

Todos los aduladores son mercenarios,
y todos los hombres de bajo espíritu son aduladores.

(Ib.)

341 PRINCIPIO:

Es evidente que existe un primer principio
y que no existe una serie infinita de causas.

(*Metafísica*, II-2.)

342 PRIMER PRINCIPIO:

El primer principio de los seres es inmóvil;
pero es el motor del movimiento primero, eterno y único.

(Ib., XII-7.)

343 METODO:

Aprendemos, o por inducción o por demostración.
La demostración parte de lo universal;
la inducción, de lo particular.

(*Analytica posteriora*, I-18.)

344 ENTENDIMIENTO:

El entendimiento es una tabla lisa en la cual nada hay
escrito.

(*Tabula rasa in qua nihil est scriptum.*)
(*De anima*, III-4.)

345 SABIDURIA:

La llamada sabiduría *(sophía)* versa acerca de
las primeras causas y de los primeros principios.

(Metafísica, I-1.)

346 DIOS:

Dios es el acto que es por sí mismo;
es su vida óptima y eterna.

(Ib., XII-7.)

347 DIOS:

Dios es un ser viviente perfecto; de modo que
pertenece a Dios una vida continua y una
existencia eterna.

(Ib.)

348 SABER:

Lo más excelente del saber es obtener el "por qué".

(Analytica posteriora, I-14.)

349 MEMORIA, EXPERIENCIA:

De la sensación surge la memoria y de la memoria,
la experiencia. A su vez, de la experiencia,
el principio del arte y de la ciencia.

(Ib., II-19)

350 VIRTUD:

Llamamos virtudes a los hábitos que son laudables.
Unas virtudes son relativas a la inteligencia (dianoéticas);
y otras relativas a la voluntad (éticas).

(Etica Nicomaquea, I-13.)

351 INMORTALIZARSE:

Inmortalizarse en cuanto es posible, todo para vivir
de acuerdo con lo más excelente que hay en nosotros
mismos; pues, aunque se es pequeño por la masa, por
potencia y dignidad excedemos con mucho a todas las
cosas.

(Ib., X-7.)

352 INTELIGENCIA:

El hombre nace provisto por la naturaleza de las armas
de la inteligencia y las cualidades morales.

(*Política*, I-1.)

353 SALVAJE:

El hombre sin virtud es el más impío y salvaje de los
animales y el más dado a la lujuria y a la glotonería.

(Ib.)

354 ENSEÑAR:

En general es señal del que sabe el poder enseñar;
por eso creemos que el arte es más ciencia que
la experiencia.

(*Metafísica*, I-1.)

355 LIMITE:

Habiendo generación y movimiento, forzosamente
habrá también límite, porque ningún movimiento
es ilimitado, sino que todos tienen un fin.

(Ib., III-4.)

356 CAMBIO:

Todo movimiento cambia algo, y el cambio es hecho por
algo y cambia en algo.

(Ib., XII-3.)

357 PRIMER MOTOR:

El agente del cambio es el primer motor; lo que cambia
es la materia, y aquello en que cambia, la forma.

(Ib.)

X HELENISMO Y ROMA

EPICURO (341-270)

Simpatizador del atomismo de Demócrito, es notable por su
sistema de moral, la "moral del placer". Buscar los placeres
reposados del cuerpo, combatir los dolores y vencer el temor
a la muerte, proporcionan la serenidad o "ataraxia".

358 PLACER:
> Juzgamos mejores que los placeres muchos dolores
> porque se sigue para nosotros un placer mayor.
> > (*Kiria Doxai,* 470.)

359 IMPIO:
> Es impío no el que suprime a los dioses, sino el que
> los conforma a las opiniones de los mortales.
> > (Ib.)

360 MUERTE:
> La muerte es una quimera: porque mientras yo existo,
> no existe la muerte; y cuando existe la muerte,
> ya no existo yo.
> > (Ib.)

PENSADORES VARIOS

361 DECISION:
> ¡ Vayamos a donde nos llaman los prodigios de los
> dioses y la iniquidad de nuestros enemigos !
> *(Eatur quo deorum ostenta et inimicorum iniquitas vocat.)*
> > (Suetonio, *Vida de Julio César.*)

362 DECISION:
> La suerte está echada.
> > (*Alea jacta est.*)
> > (Ib.)

363 TRAICION:

¿Tú también, hijo mío?

(Et tu quoque filimei. . .?)

(Ib.)

364 SALUD:

Mente sana en cuerpo sano.

(Mens sana in corpore sano.)

(Juvenal.)

365 FELICIDAD:

Cuanto más felices son los tiempos más pronto pasan.

(Plinio el Joven.)

366 ESTUDIO:

No hay que estudiar muchas cosas, sino mucho.

(Multum, non multa.)

(Ib., *Epístola*, 7.)

367 GRADUALMENTE:

La naturaleza procede gradualmente.

(Natura non facit saltus.)

(C. Linneo.)

368 TIEMPO:

Cuánto tiempo he dedicado a cosas tan insulsas.

(Quot dies quam frigidis rebus absumpsi.)

(Plinio el Joven.)

369 DESCANSO:

Más vale descansar que nada hacer.

(Satius est otiosum esse quan nihil agere.)

(Ib.)

370 MUERTE:

La pálida muerte con el mismo paso llega
al tugurio de los pobres y al alcázar de los reyes.

*(Pallida mors aequo pulsat pede pauperum tabernas
regumque turres.)*

(Horacio, *Oda*, I-4.)

371 TRABAJO:

Aprovecha el tiempo.

(Carpe diem.)

(Ib.)

372 RESIGNACION:

Lo que veas que ha perecido, júzgalo perdido.

(Quod videas perisse, perditum ducas.)

(Cátulo, *Carmina,* VIII.)

373 CONSTANCIA:

El trabajo constante todo lo vence.

(Labor omnia vincit improbus.)

(Virgilio, *Geórgicas,* I-125.)

374 EXPERIENCIA:

A partir de una cosa aprende a conocer todas las demás.

(Ab uno disce omnes.)

(Ib.)

375 CHISTES:

Los chistes moderados son agradables, los inmoderados ofenden.

(Temperatae suaves sunt argutiae; inmodicae offendunt.)

(Fedro.)

376 FORJADOR:

Cada uno es el forjador de su propio destino.

(Faber est quisque suae fortunae.)

(Apio Claudio.)

377 VALOR:

No es el linaje, sino el valor lo que hace al varón.

(Non genus virum ornat, generis vir fortis loco.)

(Accio.)

378 MUERTE:

Vive con el pensamiento en la muerte.

(Vive memor leti.)

(Persio.)

379 ERROR:

El mayor crimen es preferir la vida al honor y,
por vivir la vida, perder la razón de vivir.
(*Summum nefas animam praeferre pudori et, propter vitam,
vivendi perdere causas.*)

(Juvenal.)

380 CREDITO:

Cuanto es el dinero que se tiene en el arca,
tanto es el crédito.
(*Quantum quisque sua nummorum servat in arca,
tantum habet et fidei.*)

(Idem.)

381 MAL:

Veo el bien y lo apruebo, pero escojo lo peor.
(*Video meliora proboque, deteriora sequor.*)

(Ovidio.)

382 CONSTANCIA:

La gota perfora la piedra.
(*Gutta cavat lapidem.*)

(Ib., *Ex Ponto, 4.*)

383 COSTUMBRE:

Nada es tan fuerte como la costumbre.

(Ib.)

384 MENTIRA:

Una mentira va pisándole los talones a la otra.

(Terencio.)

385 SOBERBIA:

El cerdo enseña a Minerva.
(*Sus Minervam docet.*)

(Anónimo.)

386 PODA:

Más nos multiplicamos (los cristianos) mientras
somos segados por vosotros.
(*Plures efficimur quoties metimur a vobis.*)

(Tertuliano, *Apología, I.*)

387 SIMIENTE:

La sangre de los mártires es semilla de cristianos.
(*Sanguis martyrum est semen christianorum.*)

(Ib.)

388 DOBLE:

El que escribe lee dos veces.
(*Qui scribit bis legit.*)

(Anónimo.)

389 SUPERACION:

Hacia lo más alto se va por lo más estrecho.
(*Ad augusta per angusta.*)

(Ib.)

390 REPETICION:

Lo repetido es más agradable.
(*Bis repetita placent.*)

(Ib.)

391 ANIMO:

¡Animo! Así se llega a las alturas.
(*Macte animo. Sic itur ad astra.*)

(Ib.)

392 ANIMO:

La fortuna podrá quitarnos las riquezas, pero no el valor.
(*Fortuna opes auferre, non animum potest.*)

(Ib.)

393 PERDON:

Perdonando a un enemigo ganas muchos amigos.
(*Cum inimico ignoscis, amicos complures paris.*)

(Publilo Siro, *Sententiae.*)

394 CONCORDIA:

Donde hay concordia siempre hay victoria.

(*Ibi sumper est victoria, ubi concordia.*)

(Ib.)

395 SEVERIDAD:

Perdona siempre a los demás; nunca a ti mismo.

(*Ignoscito alteri, nunquam tibi.*)

(Ib.)

396 IMPERIO:

¿Quieres tener un gran imperio? Impera sobre ti mismo.

(*Imperium habere vis magnum. Impera tibi.*)

(Ib.)

397 MUERTO:

Quien sólo vive para sí, está muerto para los demás.

(*Qui sibi modo vivit, merito aliis est mortus.*)

(Ib.)

398 OLVIDO:

El remedio de las cosas perdidas es el olvido.

(*Rerum amissarum remedium est oblivio.*)

(Ib.)

399 TIEMPO:

El hoy es discípulo del ayer.

(Ib.)

MARCO TULIO CICERON (106-43)

Famoso orador romano y, como filósofo, notable ecléctico perteneciente a la Nueva Academia. Su estudio es importante para el conocimiento humanístico.

400 HOMBRE:

Este animal previsor, sagaz, múltiple, agudo, dotado de memoria, lleno de razón y de consejo, que llamamos hombre, ha sido engendrado en preclara condición, pues es él sólo partícipe de la razón y el pensamiento.

(*De legibus*, I-7.)

401 DIVINIDAD:

¿Y qué hay en el cielo y en la tierra más divino
que la razón?. . . Y como la recta razón es la ley,
los hombres han de ser reputados también como
consocios de los dioses por la razón y la ley.

(Ib.)

402 CONCIENCIA:

Cuando Apolo dice: "Conócete a ti mismo", dice:
"Conoce tu alma".

(*Tusculanae*, I.)

403 DERECHO NATURAL:

No existe más que un derecho, al que está
sujeta la sociedad humana.

(*De legibus,* I.)

404 LEY NATURAL:

Derecho establecido por una ley única:
esta ley es la recta razón.

(Ib.)

405 JUSTICIA:

La justicia es absolutamente nula si no se encuentra
en la naturaleza.
Descansando en un interés, otro interés la destruye.

(Ib.)

406 LO BUENO Y LO MALO:

En la naturaleza misma están separadas
las cosas buenas y las torpes.

(Ib.)

407 HONESTIDAD:

No es propio de varones honrados errar y
amar lo que por sí mismo no es digno de amor.

(Ib.)

408 INJUSTICIA:

Nada hay más injusto que buscar premio en la justicia.

(Ib.)

409 LUCHA:

Hay dos maneras de pelear:
una por la discusión y otra por la fuerza; aquélla,
propia del hombre y esta, de las bestias.

(*De officiis*, I.)

410 AMISTAD:

No es otra cosa la amistad que un sumo consentimiento
en las cosas divinas y humanas con amor y benevolencia.

(*De amicitia*, 6.)

411 LEY DIVINA:

La ley verdadera y primitiva, apta para mandar y
prohibir es la recta razón del mismo Júpiter.

(*De legibus*, I.)

412 LEY NATURAL:

Si las leyes fueran constituidas por los hombres, o por las
sentencias de los jueces, serían derechos matar, robar,
adulterar, etcétera.

(Ib., I-16.)

413 LEY ETERNA:

La ley no ha sido establecida por el ingenio de los hombres,
ni por el mandamiento de los pueblos, sino que es algo
eterno que rige el universo con la sabiduría del imperar
y del prohibir.

(*De legibus*, II-4.)

414 FILOSOFIA:

¡Oh Filosofía, indagadora de la virtud y ahuyentadora
de los vicios!
Tú fundaste las ciudades, tú juntaste en sociedad a los
hombres dispersos, tú los enlazaste entre sí,

primero con el domicilio y luego con el matrimonio.
Tú fuiste la inventora de las leyes, tú maestra de
las costumbres y de la disciplina.
Tú nos comunicaste la serenidad de la vida y desterraste
los terrores de la muerte.

(Tusculanae, II.)

415 JUSTICIA:

La justicia no espera ningún premio.
Se la acepta por ella misma.
Y de igual manera son todas las virtudes.

(De legibus, I.)

416 BIEN COMUN:

Las leyes se han hecho para el bien
de los ciudadanos.

(Ib., I-5.)

417 LEY:

La ley es, pues, la distinción de las cosas justas
e injustas, expresada con arreglo a aquella
antiquísima y primera naturaleza de las cosas.

(Ib.)

418 ACCIONES:

Todas las acciones cumplidas sin ostentación y sin
testigos me parecen más loables.

(Tusculanae, II-64.)

419 LEY NATURAL:

No hay hombre de nación alguna que,
habiendo tomado a la naturaleza por guía,
no pueda llegar a la verdad.

(De legibus, I.)

420 SANCION:

Me avergüenzo de esos filósofos que no quieren desterrar
ningún vicio si no está castigado por el juez.

(Ib.)

421 SUPERACION:

Mira siempre lo celeste y desprecia lo terrestre.
(*Celestia semper spectato, humana conlemptio.*)
(*De re publica*, VI.)

422 HUMILDAD:

Con frecuencia bajo un traje sucio se esconde una gran sabiduría.
(*Saepe est etiam sub palliolo sordido, sapientia.*)
(Ib., III-23.)

423 PRUDENCIA:

El buen varón no sólo no se atreverá a hacer, sino
ni siquiera a pensar lo que no puede predicar.
(*Bonus vir non modo facere, sed ne cogitare quidem audebit, quod non audest praedicare.*)
(*De officiis*, III-19.)

424 IMAGEN:

Como el rostro es imagen del alma, los ojos son sus delatores.
(*Ut imago est animi vultus, sic indices oculi.*)
(*De oratore*, 18.)

425 CADUCIDAD:

Nada hay que siempre permanezca en flor.
(*Nihil semper floret.*)
(*Philosophia*, XI-15.)

426 GUERRA:

Las leyes callan cuando las armas hablan.
(Ib.)

427 SOBERANIA:

La libertad sólo reside en los Estados,
en los que el pueblo tiene el poder supremo.
(Ib.)

428 VIRTUDES:
> Los deseos del joven muestran
> las futuras virtudes del hombre.
> (Ib.)

ULPIANO (170-228)

429 JUSTICIA:
> Justicia es el hábito de dar a cada quien lo suyo.
> (*Constans et perpetua voluntas jus suum cuique tribuendi.*)
> (*Justitia*)

TITO LUCRECIO CARO (98-55)

430 MORTALIDAD:
> . . . Murió Epicuro,
> que en ingenio venció a la raza humana
> y eclipsó todos los brillantes genios,
> como el naciente sol a las estrellas.
> (*De natura rerum*, III.)

431 MORTALIDAD:
> ¿Y de morir tú dudas y te indignas,
> tú a quien la vida es muerte continuada,
> sintiéndote morir a cada instante?
> (Ib.)

LUCIO ANNEO SENECA (4 a.C.-65 d. C.)

Nacido en Córdoba, fue el máximo exponente del estoicismo y fue preceptor de Nerón.

432 PEDAGOGIA:
> El procedimiento de enseñar por la teoría es lento;
> rápido y eficaz es enseñar por medio del ejemplo.
> (*De providentia*, 4.)

433 INIQUIDAD:

¿No es inicuo que tomen las armas los hombres de pro, pernocten en los campamentos, vigilen en las trincheras con sus heridas vendadas, mientras pasean por la ciudad, despreocupados y campantes, los estupradores y los profesionales del crimen?

(Ib., 5.)

434 INIQUIDAD:

¿No es inicuo, también, que las vírgenes
más nobles se levanten por la noche
a celebrar los santos sacrificios,
mientras las rameras gozan
de un sueño ininterrumpido?

(Ib., 6.)

435 LUCHA:

El trabajo y la lucha llaman siempre a los mejores.

(Ib., 5.)

436 MANIRROTOS:

No recibimos una vida corta, sino que nosotros la acortamos.
No somos de ella indigentes, sino manirrotos.

(*De brevitate vitae,* 1.)

437 ESPERA:

La mayor rémora de la vida es la espera del mañana
y la pérdida del día de hoy.

(Ib., 8.)

438 BUENO:

Nada malo puede acontecer a un hombre bueno.

(*De providentia,* 2.)

439 CONTRARIEDADES:

Considera las contrariedades como un ejercicio.

(Ib.)

440 LUCHA:

Languidece la virtud sin adversario.

(Ib.)

441 HEROISMO:

Aunque el soldado de César ponga asedio en las puertas,
Catón tiene por dónde escapar:
con una mano se abrirá ancho camino hacia la libertad;
este hierro, virgen aún e inocente de sangre civil,
consumará, al fin, una obra buena y loable:
dará a Catón la libertad que él no pudo dar a la patria.

(Ib.)

442 VALOR:

Emprende, alma mía, la gesta prolijamente meditada:
arráncate de las miserias de la humanidad.

(Ib.)

443 ADVERSIDAD:

Sólo en la fortuna adversa se hallan
las grandes lecciones del heroísmo.

(Ib.)

444 IGNORANCIA:

Ser afortunado siempre y pasar la vida
sin alguna dentellada en el alma,
es ignorar la otra mitad de la naturaleza.

(*De providentia*, 4.)

445 INFORTUNADO:

Infortunado te juzgo por nunca haber sido
infortunado.

(Ib.)

446 ADVERSIDAD:

La adversidad es ocasión de virtud.

(Ib.)

447 SACRIFICIO:

Nunca fue fácil el aprendizaje de la virtud.

(Ib.)

448 CONSISTENCIA:

No hay árbol recio ni consistente
sino aquel que el viento azota con frecuencia.

(Ib.)

449 CRISOL:

El fuego prueba el oro;
la adversidad, al hombre fuerte.

(*De providentia,* 5.)

450 INMORTALES:

Teméis todas las cosas como mortales
y todas las deseáis como inmortales.

(*De brevitate vitae,* 3.)

451 VIVIR:

¡Oh, cuán extemporáneo es comenzar a vivir
cuando se ha de dejar de vivir!

(Ib.)

452 MORIR:

A vivir se ha de aprender toda la vida,
y toda la vida se ha de aprender a morir.

(Ib., 6.)

453 FUGACIDAD:

Recorrerá su camino la edad y no modificará su dirección,
ni atajará su andadura, ningún ruido hará, ni te
dará aviso de su velocidad.
Avanzará con pies de fieltro.

(Ib., 8.)

454 ESPERANZA:

Una esperanza reaviva otra esperanza;
una ambición, otra ambición.

(Ib., 17.)

455 MUERTE:

Nadie tiene la muerte en perspectiva.

(Ib., 20.)

456 FAMA:

No hay cosa que nos origine mayores males que el
hacer caso al "qué dirán" de la gente.

(*De vita beata,* 1.)

457 SILENCIO:

Cuando recuerdo lo que dije, tengo envidia de los mudos.

(Ib., 2.)

458 ENVIDIA:

Tan grande como la turba de los admiradores
es la turba de los envidiosos.

(Ib.)

459 BIENAVENTURADO:

Bienaventurado es el que con sus cosas se conforma.

(Ib., 6.)

460 PLACER:

El placer es un desfiladero que resbala
hacia el dolor si no se pone mesura en él.

(*Epístola XXIII a Lucilio.*)

461 COMIENZO:

Algunos comienzan cuando es hora de acabar.
Si ello te extraña, añadiré algo más extraño aún:
algunos acabaron de vivir antes de comenzar.

(Ib.)

462 FILOSOFIA:

¿Qué podrías admirar en la filosofía?
Su misión única es hallar la verdad en las cosas
divinas y humanas.
Es maestra no de las manos, sino de las almas.
Es autora de paz, y llama al linaje humano a la
concordia.

(*Epístola XC a Lucilio.*)

463 INMORTALIDAD:

Cuando llegue aquel día que separe lo divino y lo humano
que tengo, dejaré este cuerpo aquí
y yo me volveré a los dioses.

(Epístola CII a Lucilio.)

464 MATERIA:

No estoy sin los dioses ahora; pero estoy
detenido por una cierta pesantez corporal.

(Ib.)

465 ESCLAVITUD:

Antiguamente las chozas de paja abrigaron a
hombres libres; hoy, bajo el mármol y el oro,
mora la esclavitud.

(Espístola XC a Lucilio.)

466 POBREZA:

No os espante la pobreza; nadie vive tan pobre como
nació.

(De providentia.)

467 DOLOR:

No os espante el dolor; o tendrá fin o acabará con
vosotros.

(Ib.)

468 MUERTE:

No os espante la muerte; o extermina
o transforma vuestra existencia.

(Ib.)

469 MUERTE:

No caemos de súbito en la muerte,
sino que a ella vamos minuto a minuto.

(Epístola XXIV.)

470 DIOS:

Dios está cerca de ti, Dios está contigo,
Dios está dentro de ti.

(Epístola XLI.)

471 VIVIR:

El vivir es un don de los dioses inmortales;
y el vivir bien es un fruto de la filosofía.

(Epístola XC.)

472 ESPIRITU:

Todos los años son míos; no hay época cerrada a los
grandes espíritus; no hay edad inaccesible al pensamiento.

(Epístola CII.)

473 ULTRATUMBA:

Durante este espacio que campea desde la infancia
a la senectud, maduramos para un nuevo alumbramiento.
Hay que pasar allende.

(Ib.)

474 ETERNIDAD:

Este día que tú tanto temes por ser el último,
es la aurora del día eterno.

(Ib.)

475 REVELACION:

Algún día te serán revelados los arcanos de la naturaleza.
La niebla se disipará y una luz clara refulgirá en torno
tuyo.

(Ib.)

476 SUPERFICIALIDAD:

Las minas de los metales pobres son someras.

(Epístola XXIII a Lucilio.)

EPICTETO (50-120)

Estoico en cuya filosofía predomina un sentimiento religioso, como en Séneca. Opina que para llegar a la "ataraxia" es necesario abstenerse de lo que no es necesario y soportar los males que se presenten.

477 ECUANIMIDAD:

Si consideras que es tuyo sólo aquello que te pertenece
y extraño a ti lo que no te pertenece,
no recriminarás ni culparás a nadie.

(Manual, I-3.)

478 CONFORMIDAD:

Si tienes cariño por un cacharro, debes decirte:
"No siento cariño por este cacharro".
De este modo, si el cacharro se rompe,
no experimentarás contrariedad alguna.

(Ib., III.)

479 OPINION:

Lo que inquieta al hombre no son las cosas,
sino las opiniones acerca de las cosas.

(Ib., V.)

480 FILOSOFIA:

El que empieza a instruirse en la filosofía
de todo se echa la culpa a sí mismo.

(Ib.)

481 CONFORMIDAD:

No pretendas que las cosas ocurran como tú quieres.
Desea, más bien, que se produzcan tal como se
producen, y serás feliz.

(Ib., VIII.)

MARCO AURELIO ANTONINO (121-180)

Influenciado por la moral cristiana, domina en él el sentimiento religioso de la presencia de Dios y de la providencia.
No obstante, persiguió a los cristianos.

482 MORTALIDAD:
Como el que va a morir, desprecia tu carne.
(Pensamientos, II-2.)

483 ULTRATUMBA:
Si hay dioses, el desaparecer de entre los hombres
no es nada terrible. Si no hay dioses o nada les importan
los negocios de los hombres ¿qué interés tiene
vivir en un mundo privado de dioses?
(Ib., II-11.)

484 DEVENIR:
La esencia del hombre es fluyente.
Todo cuanto forma parte de su cuerpo es como un río;
lo que integra nuestra alma es sueño y humo.
(Ib., II-17.)

485 FORTALEZA:
¡Ser igual a la roca, contra la que se estrellan
incesantemente las olas!
(Ib., IV-49.)

486 MANJARES:
Hacernos a la idea, cuando nos encontramos con los
manjares más exquisitos, de que esto es el cadáver
de un pez y aquello otro, el de un pájaro
o un cerdo.
(Ib., VI-13.)

487 EXPULSION:

Lo que sobreviene de acuerdo con las leyes,
para todos y cada uno es lo justo.
¿Por qué, entonces, decir que es desagradable el
hecho de que te expulse de la ciudad, no un tirano,
no un juez injusto, sino la misma naturaleza . . .?

(Pensamientos, II-16.)

488 DISTANCIAMIENTO:

El irritarse por las cosas que acontecen
es un divorciarse de la naturaleza.

(Ib.)

489 DIVINIZARSE:

Vivir con los dioses.

(Ib., V-27.)

490 OLVIDO:

Todo recuerdo es pronto sepultado en el tiempo.

(Ib., VII-10.)

PLOTINO (204-270)

Neoplatónico natural de Licópolis, opinó que el Ser Supremo
es el Uno, del que procede el espíritu, y de este las almas,
pero no por creación, sino por "emanación".

491 ASCENSO:

No alejarse de las cosas primeras y caer en las últimas;
sino lanzarse a las primeras y remontarse a las
suprasensibles.

(Enéada VI, IX-3.)

492 EDUCACION:

Despertar a los hombres de las palabras
y llevarlos a la contemplación de las cosas,
como mostrando el camino a quien quiera contemplar.

(Ib., VI, IX-4.)

493 INSTRUCCION:

La instrucción conduce hasta el camino
que hay que recorrer;
pero la contemplación es ya obra
del que quiere contemplar.

(Ib., VI, IX-4.)

XI CRISTIANISMO PRIMITIVO

SAN JUSTINO (100-165)

494 DESVERGÜENZA:

Avergonzáos de atribuir a hombres inocentes
las cosas que vosotros hacéis públicamente.

(*Apologías,* 12.)

495 LEY NATURAL:

Es inherente a la naturaleza humana
la facultad de distinguir lo honesto y lo torpe.

(Ib., 14.)

SAN IRENEO (150-215)

496 CREACION:

La misma creación del mundo muestra a quien la creó,
y su misma hechura sugiere al que la hizo.

(*Contra Haereticos,* 198.)

497 VOLUNTAD DE DIOS:

El hombre de por sí no ve a Dios.
Pero cuando El lo quiere es visto por los hombres:
por quienes quiere y cuando quiere y como quiere.

(Ib., 236.)

SAN CLEMENTE DE ALEJANDRIA (150-215)

498 FILOSOFIA:

La Filosofía fue el "ayo" que llevó a los griegos
a Cristo, como la Ley lo fue para los hebreos.

(*Strómata*, I-5.)

499 FILOSOFIA:

La filosofía no adula.

(Ib.)

500 IGUALDAD:

La lluvia cae igualmente sobre la tierra buena
que sobre el estercolero y sobre las mansiones.

(Ib., I-7.)

501 FILOSOFIA:

Por filosofía no entiendo la estoica, la epicúrea
o la aristotélica, sino a lo que estas escuelas hayan
enseñado que sea conforme a la verdad, a la justicia,
a la piedad, a esto llamo yo selecta filosofía.

(Ib., I-7.)

SAN AGUSTIN (354-430)

No habiendo hallado la verdad en el platonismo ni entre
los académicos, volvió a leer las Sagradas Escrituras y se
convirtió al cristianismo.

Se le considera como el hombre que comprendió dos mundos:
el mundo antiguo y el mundo cristiano, adaptando a éste la
filosofía de aquél.

502 CARENCIA:

Así como toda carencia es desgracia,
toda desgracia es carencia.

(*De vita beata*, IV-28.)

503 CARENCIA:

Carencia es la denominación del no-tener.
Por lo que, para explicar cómo puedo lo que quiero,
se dice "tiene carencia", como si dijese:
"tiene el no-tener".

(Ib., IV-29.)

504 SABIDURIA:

La sabiduría no es otra cosa que la medida del espíritu
es decir, la que nivela al espíritu para que
ni se extralimite ni se estreche.

(Ib., IV-33.)

505 VERDAD:

Así como la verdad se produce por la medida,
así la medida se produce por la verdad.

(Ib., 34.)

506 MEDIDA:

Nunca hubo verdad sin medida, ni medida sin verdad.

(Ib., 34.)

507 DIOS:

No habla Dios con el hombre por medio de alguna
criatura corporal. Dios habla al hombre con la misma
verdad cuando el hombre está dispuesto a oír con
el espíritu.

(*Ciudad de Dios*, XI-2.)

508 CADUCIDAD:

Comenzamos a morir cuando comenzamos a vivir.
El hombre no está nunca en vida:
es, más bien, un muriente que un viviente.

(Ib., XIII-10.)

509 CAMBIO:

¿Quién no ve que no existirían los tiempos
si no existiera la criatura,
susceptible de cambio y de moción?

(Ib., XI-6.)

510 TIEMPO:

El mundo no fue hecho en el tiempo, sino con el tiempo.

(Ib.)

511 SABIDURIA, CIENCIA:

La verdadera distinción entre sabiduría y ciencia es que
a la primera pertenece el conocimiento intelectual
de las cosas eternas; y a la segunda, en cambio,
el conocimiento racional de las cosas temporales.

(*De trinitate*, XII-15.)

512 SER:

Cuanto más y más quieras ser, tanto más
te aproximarás al que es "ser por esencia".

(*De libero arbitrio*, III-7.)

513 ASPIRACION:

No te aflijas, sino alégrate de preferir ser,
aun siendo miserable.

(Ib.)

514 FUGACIDAD:

¡Dáme siquiera una hora!
Más tú nada puedes darme de lo pasado,
pues ya no existe,
ni de lo que permanece, pues nada permanece.

(*In Psalmis*, XXXVIII-7.)

515 FUGACIDAD:

Nada se tiene mientras no viene;
y cuando viene, tampoco se detiene.

(Ib.)

516 LENTITUD:

Una cosa es haber andado más camino
y otra, haber caminado más despacio.

(*Confesiones*, IX-4.)

517 DEPRESION:

El cuerpo que se corrompe apesga el alma
y la morada terrena deprime la mente.

(Ib., VII-17.)

518 TIEMPO:

No hubo tiempo alguno en que no hubiese tiempo.

(Ib., XI-13.)

519 TIEMPO:

¿Qué es, entonces, el tiempo?
Si nadie me lo pregunta, lo sé;
si quiero explicarlo a quien me lo pregunta, no lo sé.

(Ib.)

520 DEVENIR:

El pasado ya no es y el futuro no es todavía.

(Ib.)

521 FUGACIDAD:

Los años sólo llegarán a ser todos
cuando ninguno de ellos exista.

(Ib.)

522 HOMBRE INTERIOR:

No vayas afuera, vuélvete a ti mismo.
En el hombre interior habita la verdad.

(*De vera religione,* 39-72.)

523 DOCILIDAD:

Obedecer más a los que enseñan
que a los que mandan.

(*De vita beata,* 4.)

524 ATEO:

Nadie niega a Dios, sino aquél
a quien le conviene que Dios no exista.

(*Ciudad de Dios,* XIII-10.)

525 EXISTENCIA:

Si dudo, si me alucino, vivo.
Si me engaño, existo.
¿Cómo engañarme al afirmar que existo,
si tengo que existir para engañarme?

(Ib.)

XII FILOSOFIA MEDIEVAL

SEVERINO BOECIO (480-526)

Neoplatónico llamado "el último romano y el primer escolástico", transmitió los restos de la filosofía.

Lo caracteriza un sometimiento al destino, que considera
no como injusto, sino procedente de la sabiduría y bondad
de Dios.

526 FELICIDAD PERFECTA:

La felicidad es un estado perfecto en el que se
disfruta todo bien.
(*Status omnium bonorum aggregatione perfectus.*)

(*De consolatione philosophiae,*
Prosa II.)

527 MAL:

Filosofía: —¿Nunca alguien dudó ser Dios todopoderoso?
Boecio: —Ninguno puso jamás duda en eso.
Filosofía: —El que es todopoderoso nada es lo que no
                puede.
Boecio: —Cierto: nada.
Filosofía: —¿Puede Dios hacer el mal?
Boecio: —No, en verdad.
Filosofía: —Luego el mal debe ser nada, pues no lo puede
                hacer aquel que todo lo puede.

(Ib., III, Prosa 12.)

528 PROVIDENCIA:

Va cada río forzado
por su madre o su canal,
y, así, todo lo criado
va, do lo lleva ordenado
la prudencia divinal.

(Ib., V, Metro 1.)

529 ALTURA:

Mas el linaje humanal
tiene alta la estatura,
pues aprende cada cual
desechar lo terrenal
y dirigirse a la altura.

Pues será desventurado
el hombre descomedido
que tiene el cuerpo elevado
y el pensamiento pesado,
bajo la tierra metido.

(Ib., V, Metro 5.)

530 ETERNIDAD:

La posesión perfecta y simultánea de una vida sin fin.
(*Interminabilis vitae simul ac perfecta possesio.*)

(Ib., V, Prosa 6.)

SAN ANSELMO (1033-1109)

531 ARGUMENTO *"a simultaneo"* :

Existe algo en la inteligencia, mayor que lo cual
nada puede pensarse. Ese algo debe existir, también,
en la realidad, pues si así no fuera, no sería el mayor.
Luego ese algo necesariamente existe.

(*Proslogion,* III.)

532 FE:

La fe es inútil y como una cosa muerta
si no es viva y potente por el amor.

(*Monologiun,* 78.)

533 INJUSTO:

El que no quiere lo que debe querer
es injusto.

(Diálogo de la verdad, 12.)

RICARDO DE SAN VICTOR (– 1173)

Místico, prefiere el conocimiento intuitivo y contemplativo
al conocimiento racional, mediante el cual se consigue la
visión directa de la divinidad.

534 BIEN:

Dos bienes exteriores le fueron dados al hombre:
Bajo él, el mundo; sobre él, Dios.

(De las excepciones, I-2.)

535 ASCENSO:

El hombre está bajo Dios por creación,
y sobre el mundo por dignidad.
Y ha de apartarse de lo inferior,
para llegar a lo superior.

(Ib.)

536 ATRIBUTOS:

Tres son las cualidades invisibles de Dios:
potencia, sabiduría y bondad.
La potencia crea; la sabiduría gobierna
y la bondad conserva.

(Ib., II-2.)

537 UTILIDAD:

La utilidad de las cosas puede consistir:
en lo grato, en lo apto, en lo cómodo o en lo
necesario.

(Ib.)

538 ATRIBUTOS:

Grato es lo que agrada, apto lo que conviene,
cómodo lo que aprovecha y necesario aquello
sin lo cual no se puede existir.

(Ib.)

ABENJALDUM (1332-1406)

539 INTELIGENCIA:

Como pertenece a la naturaleza de los animales
el estar siempre en guerra los unos con los otros,
Dios ha dado a cada uno un miembro para su defensa.
Al hombre, en lugar de esto, le ha dado la inteligencia.

(*Prolegómenos*, I.)

SAN BUENAVENTURA (1221-1274)

540 NECIO:

El que con tantos resplandores de lo creado
no se ilustra, está ciego.
El que con tantos clamores no despierta, está sordo.
El que por todos estos efectos no alaba a Dios, está mudo.
El que con tantos indicios no advierte el principio,
ése tal es necio.

(*Itinerario de la mente a Dios*,
I-15.)

SANTO TOMAS DE AQUINO (1225-1274)

Llamado el "Doctor Angélico", por la sutileza de su inteligencia, ingresó en la orden de los dominicos y en su magna
obra logró conciliar filosofía y teología, en torno a la teoría
del acto y la potencia, de Aristóteles.

541 ENTE:

El ente ("ser") se dice absoluta y primariamente
de las sustancias; y después, relativamente, de
los accidentes.

(De ente et essentia, II.)

542 ESENCIA:

La esencia está propia y verdaderamente
en las sustancias, mientras que en los accidentes
está de un cierto modo y relativamente.

(Ib.)

543 SABIO:

El nombre de absolutamente sabio queda reservado
a aquél cuya meditación versa acerca del fin
del universo.

*(Nomen autem simpliciter sapientis illi soli reservatur
cujus consideratio circa finem universi versatur.)*

(Contra gentiles, I-1.)

544 ACTO Y POTENCIA:

Lo que está solamente en potencia, como la materia prima,
tiene una infinita capacidad de recepción, pero no
participa, para nada, de la fuerza activa.

(Compendio de teología, XIX.)

545 ACTO:

Dios, que es acto puro y no tiene nada de potencialidad,
tiene un poder activo infinito sobre las demás cosas.

(Ib.)

546 VERDAD:

Es evidente que existe la verdad.
Porque el que niega que existe la verdad,
conoce que la verdad no existe.
Sí, pues, no existe la verdad,
es verdad que la verdad no existe.

Si, por lo tanto, hay algo verdadero,
debe existir la verdad.
(*Veritatem esse est per se notum.*
Quia qui negat veritatem esse, concedit veritatem non esse.
Si enim veritas non est, verum est veritatem non esse.
Si autem est aliquid verum, oportet quod veritas sit.)

(*Summa theol.*, Q. II-1.)

547 CAUSA DE LA VERDAD:

El ser de las cosas, no su verdad, es la causa
de la verdad en el entendimiento.
(*Esse rei, non veritas ejus, causat veritatem intellectus.*)

(Ib., Q. 16-1.)

548 VERDAD:

Dice Isaac, en el libro de las definiciones, que la
verdad es la conformidad de la cosa y el entendimiento.
(*Isaac dicit, in libro de definitionibus, quod veritas est*
adaequatio rei et intellectus.)

(Ib., Q. 16-2.)

549 VERDAD EN EL JUICIO:

Propiamente hablando, la verdad está en el entendimiento
que compone y divide (juzga), pero no en el sentido, ni
en el entendimiento que conoce la esencia (idea).
(*Proprie loquendo, veritas est in intellectu*
componente et dividente; non autem in sensu,
neque in intellectu cognoscente quod quid est.)

(Ib., Q. 16-2.)

550 INMATERIALIDAD DEL ENTENDIMIENTO:

Si el principio intelectual tuviera en sí
naturaleza de algún cuerpo,
no podría conocer todos los demás cuerpos.
Por lo tanto, es imposible que el principio intelectual
sea cuerpo.
(*Si igitur principium intellectuale haberet in se*
naturam alicujus corporis, non posset

omnia corpora cognoscere.
Impossibile est igitur quod principium intellectuale
sit corpus.)

(Ib., Q. 75-2.)

551 RECEPTIVIDAD:

Todo lo que se recibe es recibido a la manera del receptor.
(*Quidquid recipitur ad modum recipientis recipitur.*)

(Ib., Q. 75-5.)

552 SEMEJANZA:

Al primer ente se asemejan todas las cosas
en cuanto que son entes;
a la primera vida en cuanto que son vivientes;
y a la suprema sabiduría en cuanto que son
inteligentes.
(*Primo enti assimilantur omnia in quantum sunt entia;*
primae vitae in quantum sunt viventia;
et summae sapientiae in quantum sint intelligentia.)

(Ib., Q. 93-2.)

553 IMAGEN:

Aunque haya en todas las criaturas una cierta imagen de
Dios, sólo en la criatura racional se encuentra una
semejanza a modo de imagen.
(*Cum in omnibus creaturis sit aliqualis Dei similitudo,*
in sola creatura rationali invenitur similitudo Dei per
modum imaginis.)

(Ib., Q. 93-6.)

554 CAUSA DE SI MISMO:

No es posible que algo sea
causa eficiente de sí mismo.

(Ib., Q. I-3.)

555 EXISTENCIA:

Lo que existe no comienza a existir
sino por algo que existe.

(Ib., Q. I-3.)

556 ORDENADOR:

Hay algo inteligente por lo que todas las cosas
son ordenadas a un fin; y a este llamamos Dios.

(Ib., Q. III-2.)

557 EL BIEN Y EL MAL:

En los actos se distingue el bien del mal
situándose en el punto de vista de la razón porque,
como dice Dionisio (*De divinis nominibus, 4*),
el bien del hombre es conforme a la razón
y el mal lo que es contrario a la razón.
(*In actibus autem bonum et malum dicitur per
comparationem ad rationem, quia, ut Dionvsus
dicit ( ), bonum hominis est secundum rationem esse,
malum autem quod est contra rationem.*)

(Ib., I-II, Q. 18-5.)

558 LEY MORAL:

Ley es la ordenación de la razón, dada y promulgada
por quien gobierna una sociedad perfecta.
(*Lex est ordinatio rationis ad bonum commune ab eo qui
curam communitatis habet promulgata.*)

(Ib., I-II, Q. 90-4.)

559 PRIMER MOTOR:

Es imposible que una misma cosa y con un mismo
movimiento sea motor y movido, o que se mueva a sí
mismo.
Luego todo lo que se mueve debe ser movido por otro.
(*Impossibile est ergo quod secundum idem, et eodem
modo, aliquid sit movens et motum, vel quod moveat
se ipsum.
Omne ergo quod movetur oportet ab alio moveri.*).

(Ib., Q. II-3.)

560 MOTOR INMOVIL:

Luego es necesario llegar a un primer motor
que no se mueva en absoluto.

Y todos entienden que ese primer motor es Dios.
(*Ergo necesse est devenire ad aliquod primum movens quod a nullo moveatur.*
Et hoc omnes intelligunt Deum.)

(Ib., Q. II-3.)

561 PLACER:

El placer es un accidente propio, inseparable de la felicidad, o una parte de la felicidad.
(*Omnis delectatio est quoddam proprium accidens, quod consequitur beatitudinum, vel aliquam beatitudinis partem.*)

(Ib., I-II, Q. 2-6.)

562 LEY ANTIGUA Y LEY NUEVA:

La ley antigua no tenía otros recursos que el temor a los castigos,
mientras que la nueva ley nos conduce por el amor.
(*Et hoc quidem lex vetus faciebat timore poenarum, lex autem nova facit hoc per amorem.*)

(*Summa Theol.*, I-II, Q. 91-5.)

563 LO BUENO:

Una cosa se dice buena, en cuanto que es perfecta.
(*Unumquodque dicitur bonum, in quantum est perfectum.*)

(*Summa Theol.*, Q. 5-5.)

564 EL MAL:

Mal es lo que priva al ser de algo.
(*Malum autem privat quodam esse.*)

(Ib., Q. 5-5.)

565 MAL:

Dios no quiere que haya males,
ni que no los haya, sino que permite los males,
lo cual es bueno.
(*Deus igitur neque vult mala fieri, neque vult mala non fieri, sed vult permittere mala fieri, et hoc est bonum.*)

(Ib., Q. 19-9.)

566 AMOR:

El acto del amor siempre tiende hacia dos:
hacia el bien que se desea para otro,
y hacia el otro para quien se desea el bien.
(*Actus amoris semper tendit in duo, scilicet:*
in bonum quod quis vult alteri,
et in eum cui vult bonum.)

(Ib., Q. 20-1.)

567 LO SUYO:

A cada uno se debe dar lo que es suyo.
Y se dice ser de alguien algo si hacia él
está ordenado.
(*Unicuique debetur quod suum est.*
Dicitur autem esse suum alicujus
quod ad ipsum ordinatur.)

(Ib., Q. 21-1.)

568 BIEN:

Nada hay que tienda a su contrario, sino que
cada cosa apetece lo que le es semejante y conveniente.
(*Nihil tendit ad suum contrarium; unumquodque enim*
appetit quod est sibi simile et conveniens.)

(*Contra gentiles,* III-7.)

569 BIEN:

Todo agente actúa buscando algún bien.
(*Omne agens intendit bonum.*)

(Ib., III-10.)

570 AMISTAD:

La amistad, cuanto mayor es, tanto más firme y
duradera debe ser.
(*Amicitia, quanto major est, tanto debet esse firmior*
et diuturnior.)

(Ib., III-123.)

571 ALMA:

Se dice ser alma el primer principio de vida
que anima a todos los seres vivientes.
*(Anima dicitur esse primum principium vitae in his
quae apud nos vivunt.)*

(Ib., Q. 75-1.)

572 LIBRE ALBEDRIO:

El hombre obra con juicio, pues con su facultad
cognoscitiva juzga que debe huir de esto o procurar
aquello.
*(Sed homo agit judicio, quia per vim cognoscitivam
judicat aliquid esse fugiendum vel prosequendum.)*

(Ib., Q. 83-1.)

573 LIBERTAD:

El juicio de la razón puede optar entre opuestas
resoluciones.
(Ratio enim circa contingentia habet viam ad opposita.)

(Summa Theol., Q. 83-1.)

574 LIBERTAD:

El juicio de la razón está abierto a muchas cosas
y no determinado a una sola.
Y por lo tanto es necesario que el hombre sea libre
por el mismo hecho de ser racional.
*(Judicium rationis ad diversa se habet et non est
determinatum ad unum.*
*Et pro tanto necesse est quod homo sit liberi arbitrii
ex hoc ipso quod rationalis est.)*

(Ib., Q. 83-1.)

575 FIN:

El fin, aunque es el último en la realización,
es el primero en la intención del agente,
y por esto tiene la razón de causa.
*(Finis, etsi sit postremus in executione,
est tamen primus in intentione agentis;
et hoc modo habet rationem causae.)*

(Ib., I-II, Q. I-1.)

576 FIN ULTIMO:

En el orden de los fines es imposible proceder hasta
el infinito.
(*Impossibile est in finibus procedere in infinitum.*)
(Ib., Q. I-4.)

577 LEY:

La ley es cierta regla y medida de los actos
por la que alguien es inducido a obrar
o retraído del obrar.
(*Lex quaedam regula est et mensura actuum secundum
quam inducitur aliquis ad agendum, vel ab agendo
retrabitur.*)
(Ib., Q. 90-1.)

578 LEY ETERNA:

La ley es la participación de la ley eterna
en la creatura racional.
(*Lex est participatio legis aeternae in creatura
rationali.*)
(Ib., Q. 91-2.)

579 LEY DIVINA:

Además de la ley natural y de la ley humana, fue necesario,
para la dirección de la vida humana, una ley divina.
(*Praeter legem naturalem et legem humanam, necesse
fuit ad directionem humanae vitae, legem divinam
[habere].*)
(Ib., Q. 91-4.)

580 CIUDADANOS:

Es imposible que el bien común de la ciudad ande bien
si los ciudadanos no son virtuosos.
(*Impossibile est quod bonum commune civitatis bene se
habeat, nisi cives sint virtuosi.*)
(Ib., Q. 92-1.)

581 PERVERSION DE LA LEY:

Una ley tiránica, no siendo conforme a la razón,
simplemente no es ley, sino una perversión de la ley.
(*Lex tyranica, cum non sit secundum rationem, non
est simpliciter lex, sed magis est quaedam perversitas
legis.*)

(Ib., I-II, Q. 92-1.)

582 LEY NATURAL:

Por medio de la ley natural nos es participada
la ley eterna, en proporción de la capacidad de la
naturaleza.
(*Per naturalem legem participatur lex aeterna
secundum proportionem capacitatis humanae naturae.*)

(Ib., Q. 91-4.)

583 PRINCIPIO DE FINALIDAD:

Todo lo que obra, obra por un fin.
(*Omne agens agit propter finem.*)

(Ib., Q. 94-1.)

584 MUERTE:

De muerte natural mueren todos, tanto culpables como
inocentes.
(*Naturali morte moriuntur omnes, tam nocentes quam
innocentes.*)

(Ib., Q. 94-5.)

585 EXISTENCIA DE DIOS: Argumento del movimiento.
(Primera vía)

Todo lo que se mueve es movido por otro . . .
Luego es necesario admitir un primer motor
que no se mueva en absoluto;
y todos entienden que este es Dios.
(*Omne quod movetur oportet ab alio moveri . . .
Ergo necesse est devenire ad aliquod primum,
quod a nullo moveatur; et hoc amnes intelligunt Deum.*)

(Ib., Q. II-3.)

586 EXISTENCIA DE DIOS: Argumento de la contingencia.
(Segunda vía)
Es imposible que algo sea causa eficiente de sí mismo . . .
Luego es necesario admitir la existencia de una causa
eficiente primera, a la cual todos llaman Dios.
(*Nec est possibile quod aliquid sit causa efficiens
sui ipsius . . .
Ergo est necesse ponere aliquam causam efficientem
primam quam omnes Deum nominant.*)
(Ib.)

587 EXISTENCIA DE DIOS (Tercera vía):
Si el ser fue nada, fue imposible que algo comenzara
a existir, lo cual evidentemente es falso.
Luego no todos los seres son meramente posibles,
sino que debe haber uno que por naturaleza es necesario.
Luego es necesario admitir algo que es necesario por
sí mismo.
(*Si igitur nihil fuit ens, impossibile fuit
quod aliquid inciperet esse. . . quod patet esse falsum.
Non ergo omnia entia sunt possibilia,
sed oportet aliquid esse necessarium.
Ergo necesse est ponere aliquid quod sit per se necessarium.*)
(Ib.)

588 EXISTENCIA DE DIOS (Cuarta vía):
Hay algo más y menos bueno, más y menos verdadero,
más y menos noble, etcétera.
Se dice más y menos de cosas diversas según se aproximan
a algo que es lo máximo.
Por consiguiente hay algo que es lo más verdadero,
lo más bueno y lo más noble, etcétera.
Luego hay algo que es causa del ser y de la bondad
y de cualquiera otra perfección en las cosas,
y a esto llamamos Dios.
(*Invenitur in rebus aliquid magis et minus bonum,
et verum et nobile, et caetera.
Sed magis et minus dicuntur de diversis secundum quod*

approninquant diversimode ad aliquid quod maximum est.
est igitur aliquid quod est verissimum et optimum
et nobilissimum, et caetera.
Ergo est aliquid quod est causa esse et bonitatis
et cujuslibet perfectionis, et hoc dicimus Deum.)
(Ib., Q. II-3.)

589 EXISTENCIA DE DIOS (Quinta vía):

Las cosas que no tienen conocimiento no tienden a un fin
sino dirigidas por alguien consciente e inteligente, así
como la flecha es dirigida por el arquero.
Luego hay algo inteligente por lo que todas las cosas
naturales se ordenan a un fin, y a esto llamamos Dios.
(*Ea quae non habent cognitionem non tendunt in finem*
nisi directa ab aliquo cognoscente et intelligente,
sicut sagitta a sagittante.
Ergo est aliquid intelligens, a quo omnes res naturales
ordinantur ad finem, et hunc dicimus Deum.)
(Ib.)

590 CREADOR:

Sólo Dios puede crear, porque sólo el primer agente
puede obrar sin ningún objeto previo.
(*Solus autem Deus potest creare quia solius*
primi agentis est agere, nullo praesupposito.)
(Ib., Q. 90-3.)

RAIMUNDO LULIO (1233-1315)

El más importante cultivador de la filosofía cristiana del
medioevo, nacido en Mallorca, dedicó su vida a la conversión
de los infieles.

591 MISERICORDIA:

Ten misericordia, si quieres obtener perdón.
(Doctrina pueril, I-15.)

592 ASISTENCIA DIVINA:

Todo cuanto es volvería a la nada
si Dios no lo mantuviera; y sin Dios
lo que es no sería.

(Ib., 3-9.)

593 IMPOTENCIA:

Ni todos los reyes ni todos los hombres de este mundo
podrían crear una flor o una bestia . . .
Ninguna criatura podría vedar al sol su movimiento
ni a la lluvia su caída.

(Ib., 3-11.)

594 BURGUES:

Nadie vive tanto como un burgués. ¿Y sabes por qué?
Porque comen demasiado y no trabajan.
Y nadie fatiga tanto a sus amigos como el burgués,
y en ningún hombre hay pobreza tan vergonzosa
como la del burgués.

(Ib., 79-11.)

595 POTENCIAS:

Como potencias hay en el alma: vegetativa, sensitiva,
imaginativa, racional y motriz.
Mas en los árboles no hay sensitiva, ni en las bestias razón.
En el alma del hombre están las cinco. Por ello se dice que
el alma del hombre participa de todas las criaturas.

(Ib., 85-3.)

596 VIDA SUPERIOR:

Sabe que tres caminos hay: vía inferior, vía media,
vía superior.
La senda inferior es de pecados; la media es vida activa;
la superior es la vida contemplativa.

(Ib., 87-2.)

597 MUERTE:

La muerte no respeta a los jóvenes.

(Ib., 97-6.)

598 MUERTE:

Mayor cosa es morir para honrar a Dios
que vivir para alabarlo.

(Ib., 88-12.)

JUAN DUNS ESCOTO (1266 ó 1274-1308)

Monje franciscano llamado el "Doctor Sutil"; en alguna
forma opuso sus teorías voluntaristas al intelectualismo del
tomismo aristotélico.

599 PRIMERA CAUSA:

Todo lo que la causa segunda causa, lo hace
en cuanto que es movida por la primera.
(*De primo rerum omnium principio* 3a. Demostración.)

600 PRIMERO:

Nada hay mejor que lo primero.

(Ib., 4-c.)

601 AMOR:

El amor en la primera naturaleza
se identifica con ella misma.

(Ib., 10-72.)

JUAN ECKEHART (1260-1327)

El "Maestro Eckehart", defraudado por las contradicciones
de la filosofía, abandonó a San Alberto Magno y abrazó
un cierto neoplatonismo místico.

602 SIMIENTE DIVINA:

La simiente de Dios está en nosotros.

(*El varón noble.*)

603 DIVINIDAD:

La semilla del peral se desarrolla y se convierte en peral;
y la semilla de nogal, en nogal.
¡La semilla de Dios, en Dios. . .!

(Ib.)

604 LUZ:

La verdadera luz brilla en las tinieblas,
aun cuando no se la ve.

(Ib.)

605 INTELIGENCIA:

Una es la fuerza en virtud de la cual ve el ojo
y otra en virtud de la cual conoce lo que ve.

(Ib.)

606 EL "NUNC":

El *nunc,* lo más insignificante del tiempo,
no es ni una porción ni una parte del tiempo.
Es, más bien, un saborear el tiempo
una punta del tiempo, un cabo del tiempo.
(*La razón penetra hasta la raíz de la divinidad.*)

607 TENDENCIA:

Todas las criaturas, por naturaleza, tienden al solo fin
y persiguen el solo objeto de igualarse a Dios.

(Ib.)

608 LLENO DE DIOS:

Estar vacío de todo lo creado es tanto
como estar lleno de Dios;
y estar lleno de todo lo creado,
tanto como estar vacío de Dios.

(*Del retiro.*)

609 PAGINA EN BLANCO:

Si Dios tiene que escribir en mi corazón
a la perfección,
todo tiene que ser previamente borrado.

(Ib.)

XIII FILOSOFOS DEL RENACIMIENTO

NICOLAS DE CUSA (1401-1464)

Cardenal alemán, intentó armonizar el intelectualismo tomista con el voluntarismo de Escoto y de Ockam.

Lo máximo a que podemos aspirar es una "docta ignorancia", o imposibilidad de comprender a Dios.

610 IGNORANCIA:

En las cosas más claras de la naturaleza
tan gran dificultad nos sobreviene
como al búho que trató de ver el sol.

(De docta ignorantia, I-1.)

611 DOCTA IGNORANCIA:

Ningún hombre, ni el más diligente, llegará a encontrar lo más perfecto de la sabiduría más que en encontrarse doctísimo en la ignorancia que le es propia;
y tanto más sabio será cuanto más ignorante se reconozca.

(Ib., I-1.)

612 PROVIDENCIA:

Aunque ocurriese lo que nunca ocurrirá, nada se añadiría a la providencia divina, porque ella comprende
tanto las cosas que ocurren como las que no ocurren,
pero que pudieran ocurrir.

(Ib., I-22.)

613 SANTA IGNORANCIA:

La santa ignorancia nos enseña que nada existe de sí mismo, sino el máximo simple, en el que las cosas son lo mismo de él, en él y por él.

(Ib., II-2.)

614 VERDAD PRIMERA:
Nada puede decirse o pensarse sobre la verdad
que se puede investigar, que
no esté comprendido en la verdad primera.
(Ib., II-3.)

ERASMO DE ROTTERDAM (1469-1536)

615 RAIZ DE TODOS LOS MALES:
La sabiduría de este mundo es la madre y raíz de
todos los males.
(*Enchiridion militis christiani*, III.)

616 NECEDAD:
Estulticia es locura mezclada con necedad de mal arte,
que es peor que la locura por falta de seso.
(Ib.)

617 HOMBRE:
Si tú no tuvieras cuerpo, serías una cosa divina.
Y si a tu cuerpo no se hubiera injertado un alma,
serías como una bestia.
(Ib., 4.)

618 SABIDURIA:
¿Qué manera de sabiduría es la de ser astutos y sagaces
en cosas baladíes, y en lo que atañe a nuestra salvación
ser poco menos que bestias?
(Ib., III.)

619 ANGEL MONSTRUOSO:
Podemos decir que el hombre es un animal monstruoso
por estar compuesto de dos o tres partes
entre sí muy diferentes.
(Ib., IV.)

620 BRUTOS:

En cuanto al cuerpo, no sólo hacemos ventaja a los brutos, sino que en muchas cualidades del cuerpo nos aventajan ellos a nosotros.

(Ib., IV.)

621 INVOCACION:

San Sócrates, ruega por nosotros.
(*Sancte Socrates, ora pro nobis.*)
(Ib.)

JUAN LUIS VIVES (1492-1540)

622 CONOCIMIENTO:

No puede existir bondad alguna donde no haya conocimiento de ella.

(*De anima et vita,* I-12.)

623 CORAZON:

La fuente de la vida es el corazón.

(Ib.)

624 CORAZON:

El corazón es lo primero que vive en la estructura del animal y lo último que muere.
En el tiene su comienzo y su término la vida.

(Ib.)

625 PECHO:

Dio la naturaleza, en todos los hombres, la particularidad de que, al hablar de sí mismos, pongan una mano en el pecho, cosa observada ya por Crisipo el Estoico.

(Ib.)

626 DINAMISMO:

Nuestra alma es acción.
Si alguien se empeña en que no actúe es como si quisiera
o intentase impedir arder el fuego.
(Ib., II-12.)

627 MUERTE:

Es la muerte la falta de los instrumentos del alma
por los cuales se prolonga la vida.
(Ib., II-18.)

GIORDANO BRUNO (1548-1600)

628 PEQUEÑEZ:

A la proporción, semejanza, unión e identidad del
infinito no te acercas más siendo hombre que siendo
hormiga.

(*De la causa, principio e uno*, V.)

629 CAUSA:

¿Quién no ve que es uno y lo mismo
el principio de la corrupción y de la generación?
(Ib.)

630 MATERIA:

Lo último de lo corrompido ¿no es principio de lo
engendrado?

(Ib.)

631 AMOR Y ODIO:

El odio del contrario es el amor del semejante:
el amor de esto es el odio de aquello.
Así pues, en sustancia, es una cosa misma odio y amor.
(Ib.)

632 ANTIDOTO:

¿Quién da mejor triaca que la víbora?
En los máximos venenos, óptimas medicinas.
(Ib.)

FRANCIS BACON (1561-1626)

No simpatizando con el argumento deductivo de Aristóteles, escribió su *Novum Organum*, obra en la que insiste en la inducción o investigación experimental de los hechos para llegar a descubrir la ley que los rige.

633 LEYES DE LA NATURALEZA:

A la naturaleza no se la vence sino obedeciéndola.

(*Novum organum*, I-3.)

634 COLABORAR:

En lo que a la acción se refiere, el hombre no puede hacer otra cosa que aproximar o separar los cuerpos naturales; lo demás lo realiza la naturaleza.

(Ib., I-4.)

635 EXPERIENCIA:

Los descubrimientos ya logrados se deben al azar y a la experiencia vulgar más que a la ciencia.

(Ib., I-8.)

636 COLABORADORES:

Mientras admiramos y exaltamos las facultades de la inteligencia humana, nos olvidamos de buscar sus verdaderos colaboradores.

(Ib., I-9.)

637 LOGICA:

La lógica, dado el mal uso que de ella se hace, vale más para estabilizar y perpetuar los errores cimentados sobre el terreno de las ideas vulgares, que para conducir al descubrimiento de la verdad.

(Ib., I-12.)

638 SILOGISMO:

El silogismo. . . subyuga el espíritu, pero no las cosas mismas.

(Ib., I-13.)

639 METODO:

Nos queda un solo procedimiento, muy simple,
para transmitir nuestra doctrina:
Poner al hombre ante las cosas mismas a fin de que
se vea en la necesidad de renunciar, dado el caso,
a los conceptos y se habitúe al trato
con las cosas mismas.

(Ib., I-36.)

640 SIGNO:

De todos los signos el más seguro y más noble
es el que se deduce de los resultados.
Estos, en efecto, son como garantías y fiadores
de la verdad.

(Ib., I-73.)

641 EGOISMO:

La mayoría, del caudal de conocimientos ya listos
y a su alcance no toma ni le interesan más que los
indispensables para su práctica profesional, para
su lucro o algo parecido.

(Ib., I-81.)

642 VERBALISMO:

Las malas demostraciones no hacen más que subordinar
la naturaleza a las cavilaciones humanas y las
cavilaciones, a las palabras.

(Ib., I-60.)

643 LIBROS:

Si se traslada uno de los talleres a las bibliotecas
y siente admiración ante la inmensa variedad de libros,
una vez que los ha examinado y estudiado con mayor
atención, cuando se dé cuenta de que son una interminable
repetición de las mismas cosas. . . dejará de sentir
admiración por la variedad de libros.

(Ib., I-85.)

644 MAREO:

Es imposible que vean lo mismo
los que beben agua y los que beben vino.

(Ib., I-123.)

645 ENTENDIMIENTO:

No hay que dar alas al entendimiento humano, sino,
más bien ponerle freno y contrapeso para impedir
todo salto o vuelo exagerado.

(Ib., I-104.)

646 DOMINIO:

El dominio del hombre sobre las cosas radica únicamente
en las Artes y en las Ciencias, porque a la naturaleza
no se la gobierna si no es obedeciéndola.

(Ib., I-120.)

647 INVENTOS:

Los inventos son a manera de nuevas creaciones,
imitaciones de las obras divinas.

(Ib., I-129.)

THOMAS HOBBES (1588-1679)

Gran humanista formado en Oxford, se dedicó sobre todo,
a las cuestiones relativas a la sociedad y el Estado.

648 LIBRESCO:

Los que, confiando sólo en la autoridad de los libros,
siguen al ciego ciegamente, son como el que, confiando
en las reglas falsas de un maestro de esgrima, se lanza
engreídamente sobre su adversario que, o lo mata o lo
hiere.

(*Leviathan*, I-5.)

649 IGUALDAD HUMANA:

La naturaleza ha hecho a los hombres tan iguales
en las facultades del cuerpo y de la mente que,
aunque a veces se encuentre un hombre más fuerte
de cuerpo o más débil de mente que otro, cuando
se les considera juntos, sin embargo, la diferencia
entre hombre y hombre no es tan considerable, de
modo que no hay ventaja que alguno de ellos pueda
pretender para sí.

(Ib., I-13.)

650 SOBERBIA:

Lo que hace quizás increíble tal igualdad no es
sino una vana presunción de la propia sabiduría.

(Ib., I-13.)

651 DISTRIBUCION:

No hay ordinariamente un signo mejor de la distribución
igual de una cosa que el que cada uno esté contento con
su parte.

(Ib.)

652 ASPIRACION:

De la igualdad de habilidades surge la igualdad
de esperanzas en el logro de nuestros fines.

(Ib., I-13.)

653 LUCHA:

En la naturaleza del hombre encontramos tres causas
principales de querella: la competencia, la dificencia
y la gloria.

(Ib., I-13.)

654 GUERRA:

La guerra no consiste sólo en la batalla. . .
sino en la voluntad de contender.

(Ib., I-13.)

655 DESASTRE:

Las nociones de rectitud e ilicitud, justicia e
injusticia, no tienen lugar en la guerra.

(Ib.)

656 GUERRA:

Donde no hay ningún poder común no hay ley;
donde no hay ley no hay justicia ni injusticia.
La fuerza y el engaño son en la guerra las únicas
virtudes cardinales.

(Ib.)

657 DERECHO:

El que renuncia a un derecho solamente se quita de
enmedio para poder gozar del mismo sin impedimento
de su parte.

(Ib., I-14.)

658 LUCHA:

El hombre es un lobo para el hombre.

(Ib., I-13.)

659 GAFAS:

Todos los hombres están, por naturaleza, provistos de
unos notables vidrios de aumento, a través de los cuales,
cualquier aportación les parece una gran carga;
pero carecen de aquellos cristales de largo alcance para
ver a lo lejos las calamidades que penden sobre ellos
y que sin tales aportaciones no pueden evitar.

(Ib., II-18.)

GALILEO GALILEI (1564-1642)

660 COMUNICACION:

Entre todos los inventos estupendos ¿qué grandeza fue la de aquel que imaginó el modo de comunicar sus más recónditos pensamientos a cualquier otra persona, aun distante por grandísimos intervalos de lugar y de tiempo?

(*Diálogo dei massimi sistemi,* I.)

661 ESCRITURA:

¿Hablar con los que están en las Indias, con los que no han nacido aún ni nacerán sino de aquí a mil o diez mil años?

(Ib.)

XIV FILOSOFOS MODERNOS

En general, en todos los filósofos modernos hay un cierto matiz racionalista de tinte cartesiano.

RENE DESCARTES (1596-1650)

La preocupación de Descartes era encontrar un método de invención de nuevas verdades y no de simple exposición como lo era el método aristotélico.

662 INGENIO:

No basta tener buen ingenio;
lo principal es aplicarlo bien.

(*Discurso del método,* I-1.)

663 OPINIONES:

La diversidad de nuestras opiniones no proviene
de que unos sean más razonables que otros, sino
tan sólo de que dirigimos nuestros pensamientos
por derroteros diferentes y no consideramos las
mismas cosas.

(Ib.)

664 EXTRANJERO:

El que emplea demasiado tiempo en viajar
acaba por tornarse extranjero en su propio país.

(Ib., I-8.)

665 LOGICA:

En cuanto a la lógica, sus silogismos más bien sirven
para explicar a otros las cosas ya sabidas, que para
aprender.

(Ib., II-6.)

666 METODO (Primero):

No admitir como verdadera cosa alguna, como no supiese
con evidencia que lo es. Es decir, evitar
cuidadosamente la precipitación y la prevención.

(Ib., II-7.)

667 METODO (Segundo):

Dividir cada una de las dificultades en cuantas partes
fuere posible y en cuantas requiriese su mejor solución.

(Ib., II-8.)

668 METODO (Tercero):

Conducir ordenadamente mis pensamientos, empezando
por los objetos más simples.

(Ib., II-9.)

669 METODO (Cuarto):

Hacer en todo unos recuentos tan integrales
y unas revisiones tan generales, que llegase
a estar seguro de no omitir nada.

(Ib., II-10.)

670 EXISTENCIA:

Yo pienso, luego yo existo.

(Ib., IV-1.)

671 FILOSOFIA:

La filosofía es la que nos distingue de los salvajes
y bárbaros; las naciones son tanto más civilizadas
y cultas cuanto mejor filosofan sus hombres.

(*Principia philosophiae,* Carta al traductor.)

672 INTUICION VOLITIVA:

Advertí que, queriendo pensar que todo era falso,
era necesario admitir que yo, que lo pensaba,
fuera alguna cosa.

(*Discurso del método,* IV-1.)

673 SABIDURIA:

Por sabiduría no entiendo sólo la prudencia, sino un
perfecto conocimiento de todas las cosas que el
hombre puede saber por deducción de las
primeras causas.

(*Principia philosophiae,* Carta al traductor.)

674 SENTIDO COMUN:

El buen sentido es el que mejor repartido está
entre todo el mundo.

(*Discurso del método,* I-1.)

675 PROBABILISMO:

Si no está en nuestro poder el discernir las
mejores opiniones, debemos seguir las más probables.

(Ib., II-3.)

676 BASTARSE A SI MISMO:

Vale mucho más servirse de sus propios ojos
para conducirse y gozar, por el mismo medio,
de la belleza de los colores y de la luz,
que tenerlos cerrados y aceptar la dirección
de otro.

(*Principia Philosophiae,* Carta al traductor.)

677 FILOSOFOS:

El mayor bien que puede existir en un Estado
es el de tener verdaderos filósofos.

(Ib.)

678 FILOSOFAR:

Vivir sin filosofar es, propiamente, tener los ojos
cerrados, sin tratar de abrirlos jamás.

(Ib.)

679 ASPIRACION:

No hay alma, por poco noble que sea, que permanezca
tan aferrada a los objetos de los sentidos que, a
veces, no se aparte de ellos para desear un bien mayor.

(Ib.)

680 PREJUICIOS:

Abrigamos una multitud de prejuicios que nos impiden
llegar al conocimiento de la verdad.

(*Principia philsophiae,* I-1.)

681 DUDA:

No parece que podamos librarnos de tales prejuicios
si no nos decidimos a dudar, alguna vez, de todas las
cosas en que encontremos la menor sospecha de
incertidumbre.

(Ib.)

682 METODO:

Entiendo por método reglas ciertas y fáciles
gracias a las cuales el que las observe exactamente
no tomará nunca lo falso por verdadero y llegará,
sin esfuerzo, al conocimiento de todo lo que sea capaz
de conocer.

(*Regulae ad directionem ingenii,* Regula IV.)

683 ORDEN:

Todo método consiste en el orden y disposición
de aquellas cosas hacia las cuales es preciso
dirigir la agudeza de la mente.

(Ib., Regula V.)

684 ABSURDO:

Sería absurdo que nosotros, que somos finitos,
tratásemos de determinar las cosas infinitas.
(*Principios del conocimiento humano*, 26.)

BLAS PASCAL (1600-1662)

685 EXCESOS:

Dos excesos: admitir la razón y
no admitir más que la razón.

(*Pensamientos*, 3.)

686 ILUSTRES DESCONOCIDOS:

¡Cuántos reinos nos ignoran!

(Ib., 90.)

687 AMOR:

El espíritu cree naturalmente y la voluntad
naturalmente ama; de modo que, a falta de objetos
verdaderos, es preciso apegarse a los falsos.

(Ib., 103.)

688 ETERNIDAD:

Nuestra imaginación nos agranda tanto el tiempo
presente, que hacemos de la eternidad una nada,
y de la nada una eternidad.

(Ib., 107.)

689 DEVENIR:

El tiempo cura los dolores y las querellas porque
cambiamos: ya no somos la misma persona.

(Ib., 112.)

690 ENIGMA:

El hombre es naturalmente crédulo, incrédulo;
tímido, temerario.

(Ib., 159.)

691 HOMBRE:

Descripción del hombre: dependencia, deseo de
independencia, necesidad.

(Ib., 160.)

692 ILUSION:

La naturaleza nos hace siempre desdichados:
nuestros deseos nos fingen un estado feliz
porque añaden al estado en que estamos los placeres
del estado en que no estamos.

(Ib., 107.)

693 FRUSTRACION:

No vivimos nunca, sino que esperamos vivir;
y disponiéndonos siempre a ser felices,
es inevitable que no seamos nunca.

(Ib., 168.)

694 LOCOS:

Los hombres son tan necesariamente locos, que sería
loco (con otra clase de locura) el no ser loco.

(Ib., 184.)

695 MISERABLE:

El rey está rodeado de gentes que no piensan
sino en divertirlo y en impedir que piense
en sí mismo. Porque, por muy rey que sea,
es desgraciado si piensa en ello.

(Ib., 205.)

696 MUERTE:

Es más fácil soportar la muerte sin pensar en ella,
que soportar el pensamiento de la muerte.

(Ib., 218.)

697 GRANDEZA:

Es miserable saberse miserable, pero es ser
grande reconocer que se es miserable.

(*Pensamientos,* 255.)

698 CAÑA:

El hombre no es más que una caña, la más débil
de la naturaleza; pero es una caña que piensa.

(Ib., 264.)

699 PENSAMIENTO:

El pensamiento constituye la grandeza del hombre.

(Ib., 257.)

700 FRAGIL:

No hace falta el universo entero para aplastarlo;
un vapor, una gota de agua basta para matarlo.

(Ib., 264.)

701 REY DESTRONADO:

¿Quién se siente desgraciado por no ser rey,
sino un rey destronado?

(Ib., 268.)

702 CORAZON:

El corazón tiene sus razones, que la razón no conoce.

(Ib., 477.)

703 INTUICION:

Es el corazón el que siente a Dios, y no la razón.

(Ib., 481.)

704 FUTURO:

El pasado y el presente son nuestros medios;
sólo el porvenir es nuestro fin.

(Ib., 167.)

705 HOMBRE:

¿Qué es el hombre en la naturaleza?
Una nada frente al infinito, un todo frente a la
nada, un medio entre nada y todo.

(Ib., 72.)

706 HIPOCRESIA:

Nadie habla de nosotros en presencia nuestra,
tal como habla en ausencia nuestra.

(Ib., 100.)

707 MONSTRUO:

¿Qué quimera es, pues, el hombre? ¡Qué novedad, qué
monstruo, qué caos, qué sujeto de contradicción,
qué prodigio! Juez de todas las cosas, imbécil gusano,
depositario de la verdad, cloaca de incertidumbre y de
error, gloria y excrecencia del universo.

(Ib., 434.)

JACQUES BENIGNE BOSSUET (1627-1704)

708 SABIDURIA:

La sabiduría consiste en conocer a Dios
y en conocerse a sí mismo.

(*Conocimiento de Dios y de sí mismo.*)

709 AMOR:

El amor es la pasión de unirse a alguna cosa.

(Ib., I.)

710 ODIO:

El odio es la pasión de alejar algo de nosotros.

(Ib., I.)

711 DESEO:

El deseo es la pasión que nos empuja a buscar
lo que amamos, cuando lo tenemos ausente.

(Ib.)

712 AVERSION:

La aversión, llamada también fuga o alejamiento,
es la pasión de impedir que se nos acerque aquello
que odiamos.

(Ib.)

713 ALEGRIA:

La alegría es la pasión por la que el alma
goza del bien presente y descansa en el.

(Ib.)

714 TRISTEZA:

La tristeza es la pasión por la que el alma,
atormentada por el mal presente, se aleja
de el lo más que puede, y se aflige.

(Ib.)

715 AUDACIA:

La audacia, osadía o valor es una pasión
por la que el alma se esfuerza en unirse
al objeto amado, cuya adquisición es difícil.

(Ib.)

716 MIEDO:

El miedo es una pasión por la que el alma
se aleja de un mal difícil de evitar.

(Ib.)

717 ESPERANZA:

La esperanza es una pasión que nace en el alma,
cuando la adquisición del objeto amado
es posible, aunque difícil.

(Ib.)

718 DESESPERACION:

La desesperación es una pasión que nace en el alma
cuando la adquisición del objeto amado parece
imposible.

(Ib.)

719 COLERA:

La cólera es una pasión por la que nos esforzamos
en rechazar con violencia a quien nos hace daño,
o nos esforzamos en vengarnos.

(Ib.)

720 IGNORANCIA Y ERROR:

Hay diferencia entre ignorancia y error.
Errar es creer lo que no es;
ignorar es simplemente no saberlo.

(Ib.)

721 AMOR PROPIO:

El vicio que nos impide conocer
nuestros defectos se llama amor propio.

(Ib.)

722 VERDAD:

Todo lo que se entiende es verdad.
Cuando se equivoca uno es que
no se entiende.

(Ib.)

723 SER Y VERDAD:

Se puede no entender lo que es;
pero jamás se podrá entender lo que no es.

(Ib.)

724 NATURALEZA:

Ni tijera, ni torno, ni pincel alguno puede
aproximarse a la delicadeza con que la
naturaleza tornea y redondea sus creaciones.

(Ib.)

FRANÇOIS DE SALIGNAC DE LA MOTHE, FENELON
(1651-1715)

725 DUDA:

La única manera de evitar todo error es dudar,
sin excepción, de todas las cosas en las que no
se encuentre plena evidencia.

(*Tratado de la existencia de Dios,* II-1.)

726 INQUIETUD:

¡Oh razón! ¿Adónde me lanzas, dónde estoy, qué soy?
Todo se me escapa: no puedo defenderme del error
que me arrastra, ni renunciar a la verdad que me huye.

(Ib.)

727 NADA:

Conozco claramente que la nada no puede nada,
no hace nada, no recibe nada y nunca tiene nada.

(Ib.)

728 MAL:

El mal no es real. No es sino la ausencia de bien,
como la sombra no es más que la ausencia de luz.

(Ib., II.)

729 GRANDEZA HUMANA:

Yo lo abarco todo y no soy nada:
soy una nada que conoce el infinito;
me faltan las palabras para admirarme y
despreciarme al mismo tiempo.

(Ib., Primera prueba.)

NICOLAS MALEBRANCHE (1638-1715)

730 MORAL:

Los hombres saben que más vale ser justo que rico,
razonable que erudito, tener el espíritu vivo y agudo que
tener el cuerpo pronto y ágil.

(*Investigación de la verdad,* Prólogo.)

731 TECNICISMO:

Los hombres no han nacido para hacerse astrónomos
o químicos, para pasarse toda la vida
colgados a una lente o atados a un hornillo.

(Ib.)

732 HUMANISMO:

Los hombres pueden mirar la astronomía, la química
y todas las demás ciencias.
Pero no deben dejarse arrastrar por su brillo,
ni preferirlas a las ciencias del hombre.

(Ib.)

733 ERROR:

El error es la causa de la miseria de los hombres.

(Ib., I-1.)

BARUCH DE SPINOZA (1632-1677)

734 ORDEN NATURAL:

Nada sucede en la naturaleza que pueda ser atribuido
a un vicio suyo, pues la naturaleza es siempre
la misma, y en todas partes es una y la misma su virtud
y su potencia de obrar.

(*Ethica more geometrico demonstrata*, III.)

735 ESENCIA:

El esfuerzo por el cual cada cosa procura perseverar
en su ser no es más que la esencia de la misma cosa.

(Ib., III-7.)

736 GENEROSIDAD, AMOR:

El ánimo no es vencido por las armas,
sino por la generosidad y el amor.

(Ib., IV-11.)

737 CONFORMIDAD:
Nadie puede acusar a Dios porque le haya dado una
naturaleza débil o un ánimo impotente.
(Carta a Oldenburg.)

738 CONFORMIDAD:
Así como se quejaría el círculo absurdamente de que
Dios no le haya dado las propiedades de la esfera,
así también el hombre de ánimo impotente no se puede
quejar de que Dios le haya rehusado fortaleza.
(Ib.)

739 DETERMINISMO:
El lactante cree que quiere la leche libremente,
y el niño airado cree que quiere libremente la
venganza, y el tímido, la huida.
(Carta a G. H. Schuler.)

740 ILUSION DE LIBERTAD:
El que está embriagado cree que dice, por decisión libre
de su voluntad, lo que después, en su sano juicio,
querría no haber dicho.
(Ib.)

GOTTFRIED WILHELM LEIBNIZ (1646-1716)

Gran humanista, estudioso de las ciencias, el derecho y la
filosofía, descubrió el "cálculo infinitesimal".

741 FUTURO:
Todo estado presente de una sustancia simple es
consecuencia de su estado anterior, de tal suerte
que del presente está preñado el porvenir.
(Monadología, 22.)

742 EXPERIENCIA:

Los hombres se conducen como los animales:
las consecuencias de sus percepciones obedecen
sólo a la memoria. Se parecen a los médicos empíricos,
que poseen la práctica sin la teoría.

(Ib., 28.)

743 EMPIRICOS:

En las tres cuartas partes de nuestros actos
somos empíricos.

(Ib., 28.)

744 ORIGEN:

En Dios está no sólo el origen de las existencias,
sino también el de las esencias, o sea, de lo que
hay de real en la posibilidad.

(Ib., 43.)

745 EXISTENTE NECESARIO:

Sólo Dios posee el privilegio de que basta
que sea posible para que tenga que existir.

(Ib., 45.)

746 APARIENCIA:

No hay nada inculto, estéril y muerto en el universo:
el caos y la confusión son sólo aparentes.

(Ib., 69.)

747 METAMORFOSIS:

Hay, a menudo, metamorfosis en los animales,
pero nunca metempsicosis ni transmigración
de las almas.

(Ib., 72.)

748 ORDEN:

Si pudiéramos entender bien el orden del universo
hallaríamos que sobrepuja los más sabios anhelos
y que es imposible tornarlo mejor de lo que es.

(Ib., 90.)

JOHN LOCKE (1632-1704)

Empirista inglés, es el más grande de los filósofos modernos
de habla inglesa.

749 CONFORMIDAD:
Los hombres tienen razón de estar satisfechos
con lo que Dios ha considerado apropiado
para ellos.
(*Ensayo sobre el entendimiento humano* I, I-5.)

750 ENTENDIMIENTO:
La bujía que nos ha otorgado brilla lo suficiente
para que podamos realizar todos nuestros propósitos.
(Ib.)

751 PRUDENCIA:
Si desconfiamos de todo porque no podemos conocer
con certeza todas las cosas, obramos con la misma falta
de prudencia que quien no usara sus piernas y
permaneciese sentado y quieto por no tener alas para
volar.
(Ib.)

752 PRUEBA:
Quien no quiere engañarse debe construir sus hipótesis
sobre los hechos y probarlos por la experiencia sensible.
(Ib., II, I-10.)

753 ENSUEÑO:
Los sueños del hombre dormido están hechos
de las ideas del hombre despierto, aunque en su mayoría
están dispuestas excéntricamente.
(Ib., I, II-17.)

754 ENTENDIMIENTO:
Un espejo no puede rehusar, ni alterar, ni borrar
las ideas que producen en él los objetos
colocados delante.
(Ib., I, II-25.)

755 CONCIENCIA:

La conciencia constituye la identidad personal.

(Ib., II, II-27.)

756 PODER LEGISLATIVO:

La comunidad determina qué castigo corresponderá
a las diversas transgresiones que considere merecedoras
del mismo.

(*Ensayo sobre el gobierno civil,* 5.)

757 DERECHO DE GUERRA:

La comunidad tiene el poder de castigar cualquier
atentado de que sea víctima cualquiera de sus miembros.

(Ib.)

758 PODER EJECUTIVO:

Todo hombre que forma parte de la sociedad ha renunciado
a su poder de castigar delitos . . .
El renuncia a emplear su propia fuerza.
(No renuncia a sus derechos).

(Ib.)

759 MONARQUIA ABSOLUTA:

La monarquía absoluta es, en realidad, incompatible
con la sociedad civil.

(Ib., 6.)

760 FIN DE LA SOCIEDAD:

El único fin del gobierno es la preservación
de la propiedad (de los particulares).

(Ib., 7.)

761 AUTORIDAD:

El propósito de la sociedad civil es evitar y
remediar las inconveniencias del estado de naturaleza
pura, derivadas del hecho de que cada individuo sea
su propio juez; para lo cual se crea la autoridad.

(Ib., 94.)

GEORGE BERKELEY (1685-1753)

762 FINITUD:

Siendo finita la mente del hombre, no es extraño que
cuando trata cosas que participan de lo infinito,
caiga en contradicciones y absurdos.

(*De los principios del conocimiento humano,* Introducción.)

763 MAL USO:

En general nos inclinamos a pensar que la mayor parte
de las dificultades que, hasta hoy, han entretenido
a los filósofos y han obstruido el sendero del
conocimiento, se deben totalmente a nosotros.
Primeramente hemos levantado la polvareda y
luego nos quejamos de que no podemos ver.

(Ib., 3.)

764 VERBALISMO:

Debe reconocerse que gran parte del saber ha sido
extrañamente confundido por el abuso de las palabras.

(Ib., 21.)

765 VERBALISMO:

Sólo necesitamos quitar la cortina de las palabras
para contemplar el árbol hermoso del saber, cuyo
fruto es excelente y está al alcance de nuestra mano.

(Ib., 24.)

JUAN BAUTISTA VICO (1668-1744)

766 FILOSOFIA:

La filosofía debe levantar y dirigir al hombre caído
y débil; no retorcer su naturaleza ni abandonarlo
en su corrupción.

(*Ciencia nueva,* Lib. I, II-5.)

767 FILOSOFIA:

La filosofía considera al hombre tal como debe ser.
(Ib., II-6.)

768 LEGISLACION:

La legislación considera al hombre tal como es,
para hacer buen provecho de él en la sociedad humana.
(Ib., II-7.)

769 CONCIENCIA:

Los hombres que no saben la verdad de las cosas
procuran atenerse a lo cierto para que, no pudiendo
satisfacer su inteligencia con la ciencia,
por lo menos la voluntad repose sobre la conciencia.
(Ib., II-9.)

770 SENTIDO COMUN:

El sentido común es el juicio sin reflexión alguna,
comúnmente sentido por todo un orden, por todo un
pueblo, por toda una nación o por todo el
género humano.
(Ib., II-12.)

771 LIBRE ALBEDRIO:

El libre albedrío, incierto por naturaleza,
acierta y se determina con el sentido común
de los hombres.
(Ib., I-11.)

772 SENTIDO COMUN:

El sentido común es. . . el criterio enseñado
a todas las naciones. De él sale el diccionario
mental, dando origen a todas las lenguas particulares.
(Ib., I-13.)

FRANÇOIS MARIE AROUET "VOLTAIRE"
(1694-1778)

Influyó en el ambiente hostil de la Enciclopedia y en el ambiente de la Revolución Francesa.

773 LEY:
Dios ha puesto sobre la tierra a los hombres
y a los animales; a ellos les toca conducirse
lo mejor que puedan.
Peor para las moscas si caen en la tela de araña;
peor para el toro que sea atacado por un león,
y para los corderos a los que se encuentre el lobo.

(Tratado de metafísica, IX.)

774 LEY:
Lo mejor que podía hacer el cordero es no apartarse
del pastor y del perro, que pueden defenderlo.

(Ib.)

CHARLES DE SECONDAT "MONTESQUIEU"
(1689-1755)

775 LEY:
Las leyes, en su sentido más amplio, son las relaciones
necesarias que se derivan de la naturaleza de las cosas.
En este sentido, todos los seres tienen sus leyes:
la Divinidad tiene sus leyes, el mundo material tiene
sus leyes, los brutos tienen sus leyes, el hombre
tiene sus leyes.

(El espíritu de las leyes, I-1.)

776 INTELIGENCIA:
¿Qué mayor absurdo que el que una fatalidad ciega
haya producido seres inteligentes?

(Ib.)

777 HOMBRE Y ANIMAL:

Los animales no tienen las grandes ventajas que tenemos
nosotros, pero tienen otras que nosotros no tenemos.
No tienen nuestras esperanzas, pero tampoco nuestros
temores; padecen, como nosotros, la muerte, pero sin
saberlo.
La mayoría, incluso, se conserva mejor que nosotros.

(Ib.)

778 FILOSOFIA:

Semejante ser (el hombre) podía olvidarse
en todo instante de sí mismo; los filósofos lo han
recordado por las leyes de la moral.

(Ib.)

779 PRIMERA LEY:

El hombre, en estado de naturaleza. . . no sentiría,
en principio, más que su debilidad.
En este estado, todos se sentirían inferiores.
No buscarían atacarse, y la paz sería
la primera ley natural.

(Ib., I-2.)

780 SEGUNDA LEY:

Al sentimiento de su debilidad el hombre añadiría
el de sus necesidades. Así, la segunda ley sería
la que le inspirase la búsqueda de algo con qué
alimentarse.

(Ib.)

781 ATRACCION SEXUAL:

El encanto mutuo que se inspiran los dos sexos
por su diferencia, aumentaría este placer;
y la plegaria natural que se harían siempre
el uno al otro, sería una tercera ley.

(Ib.)

782 SOCIEDAD:

Así, tienen un segundo lazo que no tienen los demás animales. Tienen, pues, un nuevo motivo para unirse; y el deseo de vivir en sociedad es una cuarta ley natural.

(Ib.)

783 DERECHO DE GENTES:

El Derecho de Gentes se halla naturalmente fundado sobre este principio: Que las diversas naciones, en la paz, deben hacerse el mayor bien posible entre sí, y en la guerra el menor mal posible.

(Ib., 3.)

784 VICTORIA:

El objeto de la guerra es la victoria; el de la victoria la conquista; el de la conquista la conservación.

(Ib.)

785 DEMOCRACIA:

El pueblo en la democracia, es, en cierto aspecto, el monarca; y en otro aspecto, el súbdito.

(Ib., II-2.)

786 SOBERANO:

El pueblo que tiene el poder soberano debe hacer por sí mismo, todo cuanto pueda hacer. Y lo que no puede hacer por sí mismo, es preciso que lo haga mediante sus ministros.

(Ib.)

787 MINISTROS:

Es una máxima fundamental del gobierno que el pueblo nombre a sus ministros, es decir, a sus magistrados.

(Ib.)

788 CORRUPCION:

La desgracia de una república es que no haya más intrigas;
y esto sucede cuando se ha corrompido al pueblo a precio
de oro; adquiere sangre fría, se aficiona al dinero,
pero no se interesa ya por los asuntos públicos.

(Ib.)

789 VIRTUD CIVICA:

En un estado popular hace falta el resorte de la virtud.

(Ib., III-3.)

790 CORRUPCION:

Cuando en un gobierno popular dejan de ejecutarse las
leyes, como esto no puede proceder sino de la corrupción
de la república, el Estado está ya perdido.

(Ib.)

791 ANARQUIA:

Cuando cesa la virtud, la ambición entra en los
corazones. . .
los deseos cambian: lo que se quería ya no se quiere;
Se era libre con las leyes, se quiere ser libre contra
las leyes. . .

(Ib., III-10.)

792 OBEDIENCIA POR AMOR:

El hombre es una criatura que obedece
a una criatura que ama.

(Ib.)

JEAN JACQUES ROUSSEAU (1712-1778)

Ginebrino establecido en París, murió antes de la Revolución
a la que contribuyó con sus escritos.

793 FICCION:

¡Qué dulce sería vivir entre nosotros si existiera
siempre la serenidad exterior como imagen de las
disposiciones del corazón; si la decencia fuera la
virtud; si nuestras máximas nos sirvieran de regla;
si la verdadera filosofía fuera inseparable del
título de filósofo . . .!

(*Discurso sobre las ciencias y las artes,* I.)

794 DESCONFIANZA:

Las sospechas, las sombras, los temores, la frialdad,
la reserva, el odio, la traición, se esconden sin cesar
bajo ese velo uniforme y pérfido de la cortesía.

(Ib.)

795 POLITICOS:

Los antiguos políticos hablaban sin cesar
de costumbres y de virtud; los nuestros no hablan
más que de comercio y de dinero.

(Ib., II.)

796 DINERO:

Que nuestros políticos aprendan de una vez que
con el dinero se consigue todo, menos costumbres
y ciudadanos.

(Ib.)

797 CRISIS DE VALORES:

Las recompensas son pródigas para el ingenioso,
mientras que la virtud se queda sin honores.
Hay mil premios para los bellos discursos,
ninguno para las bellas acciones.

(Ib.)

798 CIUDADANOS:

Tenemos físicos, geómetras, químicos, astrónomos,
poetas, músicos, pintores; no tenemos ciudadanos.

(Ib.)

799 CIUDADANOS:

O si aún nos quedan, dispersos en nuestros campos,
perecen en la indigencia y el abandono.
A tal estado se ven reducidos, tales son sus sentimientos
que obtienen de nosotros los que nos dan pan y
dan leche a nuestros hijos. . .

(Ib.)

800 MAESTROS:

No han necesitado maestros aquellos a los que
la naturaleza destinó para tener discípulos.

(Ib.)

801 LIBERTAD:

El hombre ha nacido libre y en todas partes
está encadenado.

(*Contrato social,* I-1.)

802 LIBERACION:

Mientras un pueblo se ve forzado a obedecer y obedece,
hace bien;
tan pronto como puede sacudir el yugo y lo sacude,
hace aun mejor.

(Ib.)

803 DERECHO DEL MAS FUERTE:

El más fuerte no es nunca suficientemente fuerte
para ser siempre el amo, si no transforma su
fuerza en derecho y la obediencia en deber.

(Ib.)

804 FAMILIA:

La más antigua de las sociedades y la única
natural es la familia.

(*Contrato social,* I-2.)

805 FUNCIONARIOS:

Los depositarios del poder ejecutivo no son
los dueños del pueblo, sino sus funcionarios.

(Ib., III-8.)

806 DEMOCRACIA:

Si hubiera un pueblo de dioses,
se gobernarían democráticamente.
Un gobierno tan perfecto no conviene a los hombres.

(Ib., III-4.)

807 MAL:

El hombre es naturalmente bueno. El mal proviene de
nuestro orden social, del todo contrario a la naturaleza.

(*Carta al arzobispo de París.*)

808 PEDAGOGIA:

Mantened al niño en la sola dependencia de las cosas,
y en el proceso de la educación seguiréis el orden
de la naturaleza.

(*El Emilio,* II.)

809 PEDAGOGIA:

No deis a vuestro alumno lección verbal de ninguna
especie, pues sólo la experiencia debe ser su maestro.

(Ib.)

810 COMPRENSION:

Ni le impongáis (al niño) algún género de castigo,
pues no sabe qué cosa sea cometer culpa.
Ni lo hagáis nunca que pida perdón,
pues no puede ofenderos.

(Ib.)

811 COACTIVIDAD:

¿Qué es un derecho que perece cuando cesa la fuerza?
Si hay que obedecer por fuerza, no es necesario obedecer
por deber; y si nada fuerza a obedecer, ya no se está
obligado.

(*Contrato social,* I-3.)

812 LEGISLADOR:

El pueblo siempre quiere el bien, pero no siempre lo ve.
La voluntad general es siempre recta, pero sin juicio
que la dirija, no es siempre esclarecida.
He aquí de donde nace la necesidad de un legislador.

(Ib., II-6.)

813 LEGISLADOR:

El legislador es el mecánico que inventa la máquina.
El príncipe, el obrero que la monta y la pone en
movimiento.

(Ib.)

814 ESTADO:

El Estado existe por sí mismo y el gobierno por el pueblo.

(Ib., III-1.)

815 DIOS:

Tened vuestra alma en tal estado que pueda siempre
desear que haya Dios, y no dudará jamás de esta verdad.

(Ib., IV-8)

JEAN-LE-ROND D'ALEMBERT (1717-1784)

Colaboró, junto con Diderot, como director de la Enciclopedia.

816 PALABRAS:

La historia de nuestras discusiones muestra el abuso
de las palabras y de nociones vagas.

(*Elementos de filosofía,* II.)

817 ENIGMA:

En el gran enigma del mundo no adivinamos más que
algunas sílabas que no forman sentido.

(Ib., IV.)

818 EXISTENCIA:

La idea de existencia, sin calidad ni atributo, es una idea
abstracta que no está más que en nuestro espíritu.

(Ib., IV.)

819 LOGICA:

Toda la lógica se reduce a una regla muy simple:
Para comparar dos o más objetos alejados los unos
de los otros, se sirve uno de varios objetos intermedios.

(Ib., V.)

820 METAFISICA:

¿Cómo nuestras sensaciones producen nuestras ideas?
La generación de nuestras ideas pertenece a la metafísica:
Es uno de sus principales objetos, y quizá debiera
limitarse a el.

(Ib., VI.)

821 MORAL:

La moral es una consecuencia necesaria del establecimiento
de la sociedad, puesto que tiene por objeto lo que debemos
a los demás hombres.

(Ib. VII.)

JACQUES TURGOT (1727-1781)

Notable fisiócrata, amante del progreso, fue colaborador de
la Enciclopedia.

822 IDEAS:

Las ideas constituyen un lenguaje y verdaderos signos
por medio de los cuales conocemos la existencia de los
objetos exteriores.

(*El progreso en la historia.*)

823 LENGUAJE:

Las palabras tienen diversos sentidos, según se las aplique:
nos adivinamos más que nos entendemos en la conversación.

(Ib.)

824 ERRORES:

Los hombres han tenido que pasar por mil errores
antes de llegar a la verdad.

(Ib.)

825 METAFORAS:

La mayor parte de las palabras que expresan objetos
que no tienen que ver inmediatamente con nuestros
sentidos son verdaderas metáforas tomadas de las
cosas sensibles.

(Ib.)

IMMANUEL KANT (1724-1804)

Gran genio sistematizador de la filosofía, lamentablemente
se desvió hacia el idealismo absoluto.

826 FILOSOFO:

Se puede aprender, en cierto sentido, filosofía, sin
saber filosofar.

(*Introducción a la lógica,* III.)

827 FILOSOFO:

El que quiera llegar a ser verdadero filósofo,
tiene que ejercitarse en hacer de su razón un
uso libre y no meramente imitativo y mecánico.

(Ib.)

828 FILOSOFIA:

Según el concepto mundano, es la ciencia de los
últimos fines de la razón humana.

(Ib.)

829 SABIDURIA:

Es la doctrina de la sabiduría, la legisladora de la razón;
y el filósofo, en la misma medida, no artífice de la razón,
sino legislador.

(Ib.)

830 FILOSOFAR:

No puede llamarse filósofo nadie que no sepa filosofar.
Pero sólo se puede aprender a filosofar por el ejercicio
y por el uso propio de la propia razón.

(Introducción a la lógica, III.)

831 FILOSOFAR:

Cada pensador filosófico admira su propia obra,
por así decirlo, sobre las ruinas de otra;
pero nunca se ha realizado una que fuese duradera
en todas sus partes. Por eso no se puede, en absoluto,
aprender filosofía, porque no la ha habido aún.

(Ib.)

832 FILOSOFO:

El verdadero filósofo tiene que hacer, pues, como
pensador propio, un uso libre y personal de su razón,
y no ser un servil imitador.

(Ib.)

833 LEY UNIVERSAL:

Obra de tal modo que la regla de tu acción pueda
ser erigida como principio de una ley universal.

(Crítica de la razón práctica, I.)

834 LEY MORAL:

¡El cielo estrellado sobre mí y la ley moral en mí!

(Ib., Conclusión.)

835 AUTONOMIA:

¿Qué puede ser la libertad de la voluntad sino
autonomía, esto es, propiedad de la voluntad
de ser una ley para sí misma?

(Metafísica de las costumbres, III.)

836 LIBRE:

Todo ser que no puede obrar de otra manera
que bajo la idea de la libertad, es, por
esto mismo, verdaderamente libre en sentido
práctico.

(Ib.)

837 VOLUNTAD LIBRE:
Voluntad libre y voluntad sometida a leyes morales
son una y la misma cosa.
(Ib.)

838 IMPERATIVO CATEGORICO:
Debes cumplir tu obligación.
(*Conspectus Systhematis Kantii.*-Schaaf.)

839 PERSONA:
Jamás trates a las personas como si fueran cosas.
(Ib.)

JOHANN GOTTLIEB FICHTE (1762-1814)

Profesor de la Universidad de Jena, y posteriormente rector
de la Universidad de Berlín, es el primero de los que se
dedicaron a desarrollar el kantismo.

840 NECIOS:
Con aquellos para quienes es una locura buscar
independientemente la verdad nada tengo qué hacer.
(*Introducción a la teoría de la ciencia,* Preliminares.)

841 INTROSPECCION:
Fíjate en ti mismo. Desvía tu mirada de todo lo que
te rodea y dirígela a tu interior. He aquí la primera
petición que hace la filosofía a su aprendiz.
(Ib., 1.)

842 FILOSOFIA VIVA:
Qué clase de filosofía se elija
depende de qué clase de hombre se es.
Un sistema filosófico no es como un ajuar muerto,
que se puede dejar o tomar, según nos plazca; sino que
está animado por el alma del hombre que lo adopta.
(Ib., 3.)

843 ARMONIA:

La plena armonía del hombre consigo mismo es el
último fin supremo del hombre.

(Destino del docto, Conferencia 1.)

844 FELICIDAD:

El concepto mismo de felicidad y la avidez por lograrla
solamente nacen de la naturaleza moral del hombre.

(Ib.)

845 BUENO:

Algo es bueno no porque nos haga felices, sino que,
por ser bueno nos puede proporcionar la felicidad.
Sin moralidad no hay felicidad.

(Ib.)

846 SOCIEDAD:

Sociedad es la relación recíproca
entre los seres racionales.

(Ib., Conferencia 2.)

847 ESTADO:

La vida dentro del Estado no es de los fines absolutos
del hombre, sino que sólo es un medio que se efectúa
en determinadas condiciones para la fundación de una
sociedad perfecta.

(Ib.)

848 FIN DEL ESTADO:

Es la finalidad de todo gobierno
hacer superfluo el gobernar.

(Ib.)

849 PERSONA:

Es lícito al hombre valerse de las cosas irracionales
para lograr sus fines; pero no valerse de los seres
racionales, ni siquiera para los fines propios de ellos.

(Ib.)

850 PERSONA:

No le es lícito (al hombre) hacer virtuoso o sabio o feliz a ningún ser racional en contra de la voluntad de éste.

(Ib.)

851 INFLUENCIA:

No hay nadie cuya existencia para sí sea vana, siempre que lleve en el rostro el sello del entendimiento, aunque sea muy tosca su expresión.

(Ib.)

WILHELM FRIEDRICH HEGEL (1770-1831)

El más importante de los idealistas alemanes y uno de los más grandes genios de la humanidad.

852 FILOSOFIA:

Se admite que han de haberse estudiado las demás ciencias para conocerlas. . . Se admite que para fabricar un zapato debe haberse aprendido y ejercitado esto. . . Sólo para el filosofar mismo quieren que no sean necesarios tales estudios, aprendizaje y esfuerzos.

(*Enciclopedia de las ciencias filosóficas,* Introducción 5.)

853 HISTORIA:

La razón rige el mundo y, por lo tanto,
también la historia universal ha transcurrido
racionalmente.

(*Lecciones sobre la filosofía de la historia universal,* I.)

854 FINALIDAD:

Damos por supuesto, como verdad, que en los
acontecimientos de los pueblos domina un fin último;
que en la historia universal domina una razón, no la razón
de un sujeto particular, sino la razón divina y absoluta.

(Ib.)

855 ESTUDIO:

Lo verdadero no se halla en la superficie.
Singularmente en lo que debe ser científico,
la razón no puede dormir y es menester
emplear la reflexión.

(Ib.)

856 RUINAS:

En la historia universal caminamos
entre las ruinas de lo egregio.

(Ib.)

857 CADUCIDAD:

¿Quién habrá estado entre las ruinas de Cartago,
Palmira, Persépolis o Roma sin entregarse a
consideraciones sobre la caducidad de los imperios
y de los hombres?

(Ib.)

858 ASPIRACIONES:

Hay una pequeña anécdota de César: en un pequeño
municipio halló las mismas aspiraciones que en el gran
escenario de Roma. Los mismos afanes y esfuerzos
se producen en una pequeña ciudad como en el
teatro del mundo.

(Ib., II.)

859 ESPIRITU:

El espíritu no es una cosa abstracta, sino algo
enteramente individual, activo, absolutamente vivo.

(Ib.)

860 CONCIENCIA:

Sólo sé de un objeto cuando en el
sé también de mí mismo.

(Ib.)

861 LIBERTAD:

Los orientales no saben que el espíritu, o que el hombre
como tal, es libre en sí. Y como no lo saben, no lo son.
Sólo saben que hay uno que es libre. . .
Este uno es, por lo tanto, un déspota. . .
(*Lecciones sobre la filosofía de la historia universal,* II.)

862 FILOSOFIA:

La filosofía es la ciencia objetiva de la verdad,
un conocimiento comprensivo; no opinión ni urdimbre
de opiniones.

(*Historia de la filosofía,* Introducción.)

863 VERDAD:

La verdad es aquello ante lo cual
se desvanece la opinión.

(Ib.)

864 OPINION:

La opinión es una representación subjetiva, un
pensamiento cualquiera, una imaginación que para mí
puede ser tal y tal, y para otro, tal o cual otro.

(Ib., a.)

865 FILOSOFIA:

La variedad de las múltiples filosofías no sólo no
perjudica a la filosofía misma, sino que es y ha sido
absolutamente necesaria para la existencia de la
ciencia de la filosofía.

(Ib., c.)

866 LO CONCRETO:

Si lo verdadero es abstracto, entonces es contrario
a la verdad. La sana razón humana se dirige a lo concreto.
Toda la reflexión de la inteligencia es teoría
abstracta, contraria a la verdad.

(Ib., Concepto de lo concreto.)

867 LIBERTAD:

La libertad puede ser también libertad abstracta
sin necesidad. Esta falsa libertad es la arbitrariedad
y, con ello, precisamente, lo contrario de la libertad.

(Ib.)

868 VANA LIBERTAD:

La sujeción inconsciente, la opinión vana de la
libertad es una libertad meramente formal.

(Ib.)

869 ETERNIDAD:

¡Hombre ridículo, que llamas moda a la lucha constante
del espíritu humano para lograr su cultura!

(Ib., c.)

870 FILOSOFIA:

La filosofía es idéntica al espíritu de la
época en la cual aparece.

(*Filosofía de la religión,* 1.)

871 EPOCA:

Un individuo no puede liberarse de la sustancia de
su tiempo, de la misma manera que no puede salir
de su piel.

(Ib.)

872 LOGICA:

Ejercitarse en pensar,
por ser la lógica el pensar del pensar.

(*La ciencia de la lógica,* Concepto
previo, 19.)

873 VIVIENTE:

Una cosa no es viviente más que gracias a que encierra
una contradicción y posee la fuerza para abarcarla y
sostenerla.

(Ib.)

874 PASION:

Nada grande se ha realizado
en el mundo sin pasión.

(La razón en la historia.)

875 RELIGION:

En las religiones los hombres han expresado la conciencia
que tienen del objeto supremo: son, pues, la obra suprema
de la razón, y es absurdo creer que los sacerdotes las
han inventado.

(Lecciones sobre historia de la filosofía, Introducción.)

FRIEDRICH DANIEL SCHLEIERMACHER
(1768-1834)

876 HERMENEUTICA:

Como el arte de discurrir y el de comprender
están el uno frente al otro, el discurrir, empero, sólo es
el aspecto externo del pensar, hay que relacionar la
hermenéutica con el arte de pensar.

(Hermenéutica, Introducción, 3.)

877 LENGUAJE:

No existe pensamiento sin lenguaje. . .
Nadie puede pensar sin palabras.

(Ib., 3.)

878 PALABRAS:

Sin palabras el pensamiento
todavía no está acabado y es confuso.

(Ib.)

879 LENGUAJE:

El pensar es un hablar interno.

(Ib.)

880 ARTE:

El interpretar es arte.

(Ib., 9.)

ARTHUR SCHOPENHAUER (1788-1860)

Espíritu extremadamente agudo, con dotes literarias y gran afición a la música, es el último y el más independiente de los idealistas alemanes.

881 INTUICION VOLITIVA:

El sujeto se conoce a sí mismo sólo como volente,
no como congnoscente.

> (*Cuádruple raíz del principio de razón suficiente,*
> Introducción, 41.)

882 ESTUPIDEZ:

Como yo no soy profesor de filosofía, no tengo necesidad de hacer reverencia a la estupidez.

> (Ib., VIII.)

883 MUERTE:

La muerte esgrime su guadaña sin descanso. Y sin embargo, como si nada de esto sucediese, todo se encuentra, en todos los momentos, en su lugar, como si todo fuese inmortal.

> (*El mundo como voluntad y representación,* I.)

884 SOFISTICA:

Una filosofía reducida a una industria para ganarse
el pan ¿cómo no ha de degenerar en sofística?

> (Ib., Prólogo a la 1a. edición.)

885 VERDAD:

Si la vida es corta, la acción de la verdad se
extiende a un largo futuro. Digamos la verdad.

> (Ib., Prólogo.)

886 VERDAD:

Mi norte fue siempre la verdad.

> (Ib.)

887 MAESTROS:

El que se sienta poseído del amor a la filosofía
debe buscar a sus inmortales maestros en el
santuario de sus obras mismas.

(Ib.)

888 MUERTE:

La muerte es el verdadero genio inspirador
o el musageta de la filosofía. . .
Acaso no se hubiera pensado nunca en filosofar
si ella faltara.

(*El mundo como voluntad y representación*, XLI.)

889 NECESIDAD:

Cada uno de nosotros se tiene *a priori* por libre.
Solamente *a posteriori,* por la experiencia, echa
de ver, con asombro, que no es libre, sino que está
sometido a la necesidad.

(Ib., Libro II.)

890 DESEO:

Cada fin realizado es el punto de partida
de un nuevo deseo, y así indefinidamente.

(Ib.)

891 HASTIO:

La vida, como péndulo, oscila constantemente
entre el dolor y el hastío.

(Ib.)

892 MORIR:

Así como nuestro andar es una caída evitada, la vida de
nuestro cuerpo es un morir incesantemente evitado.

(Ib.)

893 AMBICION:

Querer y ambicionar: esta es nuestra esencia, como si nos
sintiéramos poseídos de una sed que nada puede apagar.

(Ib.)

894 QUERER:
La base de todo querer es la falta de algo.
(Ib.)

895 VACIO:
Por su origen y por su esencia la voluntad está
condenada al dolor. Cuando ha satisfecho todas sus
aspiraciones, siente un vacío aterrador: el tedio.
(Ib.)

896 MUERTE:
La muerte es la gran ocasión que se nos presenta para
despojarnos del "yo". ¡Feliz el que la aprovecha!
(Ib.)

897 DETERMINISMO PSICOLOGICO:
En la vida la voluntad humana no es libre. Por virtud
del carácter invariable del hombre su conducta
se desenvuelve necesariamente, guiada por los motivos.
(Ib.)

FRANÇOIS PIERRE GONTHIER MAINE DE BIRAN
(1766-1824)

Célebre filósofo francés, perteneciente a la primera generación
del siglo XIX y cuya principal preocupación era el hombre
interior y la vida del espíritu.

898 VIDA INTERIOR:
El que vive dentro de sí mismo debe renunciar
a todas las ventajas de la vida exterior.
(*Descubrimiento del hombre interior.*)

899 ANTITESIS:
Para el hombre todo es antítesis;
él mismo es una antítesis.
(Ib., El hombre como antítesis.)

900 ELEVACION Y ANONADAMIENTO:

El ínfimo grado de rebajamiento lo mismo que el más alto punto de elevación, pueden ligarse a dos estados del alma en los cuales esta pierde igualmente su personalidad; pero uno es para perderse en Dios, mientras que el otro es para anonadarse en la criatura.

(Ib., II, El hombre como intermedio.)

901 POLIPO:

La unión que existe en el pólipo, de las dos fuerzas vegetal y animal, representa muy bien la unión de la vida animal y de la vida activa del "Yo".

(Ib.)

902 ANIMAL ESPIRITUAL:

Es un hecho que sentimos en nosotros mismos la fuerza animal unida íntimamente con la del espíritu.

(Ib.)

903 TRIUNFO:

En el momento en que el Yo triunfa, en que la pasión es vencida, el deber es cumplido contra toda resistencia afectiva, en fin, en que el sacrificio queda consumado, es cuando, cesando todo esfuerzo, el alma se llena de un sentimiento inefable y el Yo queda absorbido.

(Ib., Carne y Espíritu.)

904 CONOCER:

Para conocer es preciso que el Yo esté presente y que se relacione con todo lo demás.

(Ib., La trascendencia.)

905 AMOR:

Para amar es necesario, en cambio, que el Yo se olvide o se pierda de vista, volviéndose sólo hacia el ser bello, bueno, perfecto, que es su fin.

(Ib.)

906 HOMBRE ESPIRITUAL:

Aquel que entiende es superior a las cosas que entiende.
Sólo el hombre espiritual entiende las cosas del hombre
terrestre . . .

(Ib., Las relaciones entre las vidas.)

907 DIOS:

Dios es al alma humana lo que
el alma es al cuerpo.

(Ib., El Hombre y Dios.)

JOHN STUART MILL (1806-1873)

Muy influenciado por el positivismo de Auguste Comte,
es el fundador del utilitarismo.

908 INSATISFECHO:

Es mejor ser un ser humano insatisfecho
que un cerdo satisfecho.

(*Utilitarismo,* II.)

909 INSATISFECHO:

Es mejor ser un Sócrates insatisfecho
que un necio satisfecho.

(Ib.)

910 RENUNCIA:

Es noble el poder renunciar a la porción de felicidad
propia. . . pero, después de todo, este sacrificio de sí
mismo tiene que ser por algún fin. El sacrificio no es
su propio fin.

(Ib.)

911 IGNORANCIA:

Después del egoísmo, la principal causa que hace
la vida ingrata es la falta de cultivo intelectual.

(Ib., II.)

912 FELICIDAD:

La aptitud consciente para obrar sin felicidad
nos proporciona la mejor perspectiva para ver
tal felicidad como alcanzable.

(Ib.)

913 TRAICION:

El que traiciona a un amigo que confía en él
es culpable de un crimen, aunque su objeto sea el
servir a otro amigo con el que está más obligado.

(Ib.)

914 LEALTAD:

El que salva a un semejante en trance de ahogarse
hace lo moralmente correcto, ora lo haya hecho
por el estímulo del deber, ora ante la esperanza
de obtener alguna recompensa.

(Ib.)

915 SACRIFICIO:

¿Se llevaría a cabo el sacrificio si el héroe
o el mártir no creyeran que sirve para librar
a otros de la necesidad de sacrificios similares?

(Ib.)

HERBERT SPENCER (1820-1903)

Poco original, influyó mucho sobre todo en el pensamiento
europeo. Mucho influyó en él el positivismo.

916 ALTRUISMO:

Para que una sociedad subsista, se necesita que
los hombres tengan el altruismo suficiente para
reconocerse mutuos derechos.

(*Principios de Moral,* Parte I, XII.)

917 ALTRUISMO:

El crecimiento del altruismo entre dos personas
importa hasta a un tercero, porque los dos primeros
llegan, así, a ser más útiles al tercero.

(Ib.)

918 BUENO Y MALO:

Se piensa generalmente que en caso de acción, hay algo
que se debe hacer, el bien; y algo que no se debe hacer,
el mal; pero es más exacto decir que hay, en cada caso,
algo menos malo, y que este menos malo a menudo
no se sabe qué es.

(Ib., XV.)

919 JUSTICIA:

La moral social comprende, en primer lugar, la justicia,
que consiste en que cada uno deje vivir a los demás,
para lo cual debe dejar que los beneficios sean
proporcionales a los esfuerzos.

(Ib., XVI.)

920 AUTORIDAD:

Toda idea y todo sentimiento moral
implican una autoridad.

(Ib., Parte II-II.)

921 CONCIENCIA:

La conciencia moral propiamente dicha no tiene en
cuenta autoridades que manden, ni elogios, ni vituperios,
ni recompensas, ni castigos.

(Ib., Parte II-I.)

922 AGRESION:

Quitar a un hombre la libre disposición de su persona
de su trabajo, o de su propiedad es una agresión.

(Ib., IV.)

923 PREPARACION:

Todo ciudadano debería esforzarse en adquirir
la ciencia necesaria para su dirección política.

(Ib., Parte II-VI.)

924 PROPORCION:

Algunos pretenden igualar todos los beneficios;
pero la proporcionalidad entre el esfuerzo y el
beneficio es lo único justo.

(Ib., Parte IV-XII.)

925 LIBERTAD DE PENSAMIENTO:

El derecho de profesar una creencia no ataca
la libertad de nadie. Pero, en cambio, sí se arroga
mayor libertad que la de los demás el que obliga a
otros a tener determinadas ideas.

(Ib., XVII.)

926 "DERECHOS POLITICOS":

La confusión de los medios con los fines hace que se
consideren fundamentales los llamados "derechos
políticos", que no sirven más que para lograr que se
respeten los verdaderos derechos.

(Ib., XXII.)

927 "DERECHOS POLITICOS":

Por otra parte, los pretendidos "derechos políticos",
que pueden, ciertamente, servir a la libertad, pueden,
también, servir a la tiranía.

(Ib.)

928 REMORA:

Nuestros colegios, escuelas públicas y otras
instituciones afines, fundadas hace tiempo,
útiles como fueron en una época, han sido, largo tiempo,
enormes obstáculos para una educación más alta.

(*El estudio de la sociología,* III.)

929 BLASFEMIA:

Creer que Dios es como lo imaginamos,
es blasfemia.

(Los primeros principios, I-2.)

ALPHONSE GRATRY (1805-1872)

Sacerdote, profesor de la Sorbona y miembro de la Academia Francesa, sólo en nuestros días ha podido ser comprendido.

930 DIOS:

¿La verdad de la existencia de Dios no es evidente
por sí misma? ¿No es indemostrable como un axioma?
¿Puede haber ateos?

(El Conocimiento de Dios, I-1.)

931 DIOS:

Esta proposición: "Dios es", no es otra cosa
que una proposición idéntica a esta: "El Ser es".
Y así es realmente para quien conoce el sentido
de la palabra "Dios", puesto que esta palabra
quiere decir: "El que es".

(Ib.)

932 ORACION:

La oración es el movimiento del alma al elevarse
desde lo finito hasta lo infinito.

(Ib., 2.)

933 DESEO:

¿Quién no lo sabe? El alma del hombre, sobre todo
cuando es elevada, pura, en su vigor y su juventud,
concibe y desea sin límites todos los bienes de que ve
alguna huella. Se borran todos los límites, todas las
trabas, todas las imperfecciones.

(Ib.)

934 CORAZON:

Entre los hombres, los que van a Dios por el corazón
pueden ir a El por la razón. Los que no van a El por
el corazón, no van a El por la razón. En realidad
vuelven contra El su corazón.

(Ib., IX-3.)

935 ATEOS:

Y lo niegan en su inteligencia
porque lo han negado en su corazón.

(Ib.)

936 "ABSURDO":

Hay en el ateísmo contemporáneo una demostración,
"por el absurdo", de la existencia de Dios.

(Ib.)

937 EXISTENCIA DE DIOS:

En el fondo no hay más que una prueba de la existencia
de Dios: Hay algo, luego Dios existe.

(Ib., IX-3.)

938 EXISTENCIA DE DIOS:

No hay, en el fondo, más que dos tendencias del
espíritu:
Una por Dios y la otra contra Dios.

(*Conocimiento de Dios,* II Parte, I-1.)

939 CORAZON:

El espíritu tiene raíces en el corazón.

(Ib., I-3.)

940 ALMA:

Conocer el alma aislada, independiente de Dios
y del cuerpo, es inútil e imposible.

(*Conocimiento del alma,* I-1.)

941 IGNORANCIA:

Si los hombres conociesen sus almas, se amarían los unos a los otros, se entregarían a la razón, a la justicia y a la verdad más que lo han hecho hasta el presente.

(*Conocimiento del alma*, I-2.)

942 TEODICEA:

Se conoce a un filósofo por su Teodicea.

(*Conocimiento de Dios*, I-1.)

943 MUERTE:

El hombre que cesa de esperar, de desear, de inquirir, está muerto.

(*Conocimiento del alma*, II.)

944 VERBO:

El alma es una palabra de Dios.

(Ib., 1-2.)

945 MUERTE:

¡Oh muerte! Felices los que te perciben y que a tu luz juzgan la vida.

(Ib., 1-4.)

946 DESPERTAR:

Esos salen del sueño, se despiertan.
Sus ojos se abren, contemplan la doble faz de las cosas: principio y fin, vida y muerte.

(Ib.)

JAIME BALMES (1810-1848)

No es un filósofo creador, pero sí gran propulsor de la filosofía en España.

947 ORDEN:
Sin orden no hay obediencia a las leyes, y sin
obediencia a las leyes no hay libertad, porque
la verdadera libertad consiste en ser esclavo de la ley.
(Filosofía fundamental, V.)

948 VERDAD:
La verdad no puede ser atea.
Sin Dios no hay verdad.
(Ib.)

949 ABSURDO:
Si un ser infinito no existe, es absurdo.
(Ib., XIV.)

950 NADA:
De la pura nada no es verdad nada.
(Ib.)

951 ERUDITO:
Un genio es una fábrica; un erudito es un almacén.
(Ib.)

JUAN BAUTISTA LACORDAIRE (1802-1861)

Escritor y filósofo dominico, fue también notable como
orador sagrado.

952 CARIDAD:
Necesitaba la Iglesia un manantial de persuasión
todavía más humano; y Dios concedió a la
Iglesia la caridad.
(Sermón, II.)

953 CONVENCIMIENTO:

No hubo ya corazón en que la Iglesia no pudiera
penetrar.
Posible era resistir a la gracia, a la razón; pero a la
caridad ¿quién podría? ¿cómo matar a los que dan
la vida?

(Ib.)

954 SACERDOTE:

Un humilde sacerdote, el párroco del lugar más
miserable, no descenderá con la ciencia a la casa del
pobre; descenderá con la caridad y hallará un alma
dolorida bien dispuesta.

(Ib.)

955 AMOR:

Y viendo el pobre que el sacerdote se le acerca respetando
su miseria y sintiendo su dolor, reconocerá la verdad en
el traje del amor.

(Ib.)

956 CASTIDAD:

La Iglesia toma de los cabellos a la juventud viviente; la
purifica en la oración y en la penitencia, la educa con
la meditación, la hace dócil con la obediencia, la
transfigura con la humildad y, al radiar el día, la arroja
a tierra en sus basílicas; derrama sobre ella una palabra y
una gota de óleo y ¡vedla casta!

(*Sermón,* XXII.)

957 CASTIDAD:

Este es el signo por el que conocerán los pueblos al
sacerdote.
El sacerdote podrá ser avaro, orgulloso, farisaico. . . pero
a pesar de esto, mientras brille en su frente el signo de
la castidad, Dios y los hombres le perdonarán mucho.

(Ib.)

SOREM KIERKEGAARD (1813-1855)

Hijo de un blasfemo arrepentido, su vida está llena de preocupación y de angustia religiosa. Es el creador del existencialismo.

958 PENSADOR:

Un pensador es un animal curioso que, a ciertas horas del día, da pruebas de un raro espíritu de ingeniosidad, pero que, por otra parte, nada tiene de común con un hombre.

(Post scriptum, III.)

959 REALIDAD:

Para el que existe el existir es el interés supremo;
y lo que importa a la existencia es la realidad.

(Ib.)

960 REALIDAD:

Lo que es la realidad no se puede expresar
en lenguaje abstracto.

(Ib., III-1.)

961 ABSTRACCION:

En el lenguaje abstracto, lo que constituye la dificultad
de la existencia y de lo que existe. . . es que el pensamiento
hace abstracción de lo concreto, de lo temporal, del
proceso de la existencia, de la angustia del hombre,
situado en la existencia por una conjunción de lo temporal
y lo eterno.

(Ib.)

962 META:

Lo que en el fondo me falta es ver claro en mí mismo;
saber "qué debo hacer" y no "qué debo conocer".
Se trata de comprender mi destino, de encontrar la
"idea" por la cual deseo vivir y morir.

(Diario Intimo [1815].)

963 VIVENCIA:

No niego, en verdad, que aún admito el "imperativo del conocimiento"; pero es preciso que lo absorba vitalmente.

(Ib.)

964 INQUIETUD:

Mi alma sufre de sed como los desiertos
africanos padecen la sed del agua.

(Ib.)

965 EPITAFIO:

Si hubiera de pedir un epitafio para mi tumba,
sólo pediría el de "Este ente", aunque, por ahora,
tal categoría no sea comprendida.

(Ib.)

966 LIBERTAD:

Tanto San Agustín como muchos modernos han demostrado que es una ilusión el concebir el libre albedrío en abstracto *(liberum arbitrium)*; como si un hombre, en todo momento de su vida, se hallara siempre provisto de esta posibilidad abstracta, de manera que, en el fondo, no se movería jamás.

(Ib.)

967 ANGUSTIA:

Puede compararse la angustia con el vértigo.
Aquél cuyos ojos son inducidos a ver un abismo
que abre sus fauces, siente vértigo.

(*El concepto de la angustia,* II-2.)

968 VERTIGO:

¿Pero en dónde reside la causa de este?
Tanto en los ojos como en el abismo.
Bastaría no fijar los ojos en el abismo.

(Ib.)

969 VERTIGO DE LA LIBERTAD:

La angustia es el vértigo de la libertad.
Surge cuando, al querer el espíritu poner la síntesis,
la libertad fija la vista en el abismo de su propia
posibilidad y echa mano de la finitud para sostenerse.

(Ib.)

970 PASION:

Toda pasión idealizadora es una anticipación
de lo eterno en la existencia.

(*Post scriptum,* III-1.)

971 DIOS:

Dios no piensa, El crea; Dios no existe, es eterno.
El hombre piensa y existe; y la existencia separa
el pensar del ser; los mantiene distantes uno de
otro en la sucesión.

(Ib., XXX-2.)

FRIEDRICH NIETZSCHE (1844-1900)

Filósofo y brillante escritor, sus obras tienen un apasiona-
miento que ha influido mucho en pensadores posteriores.

972 HOMBRE:

El hombre es, a mis ojos, una cosa imperfecta.

(*Así hablaba Zaratustra,* I-2.)

973 SUPERHOMBRE:

Yo predico al superhombre. El hombre es
algo que debe ser superado.

(Ib.)

974 PUENTE:

Habéis recorrido el camino que va desde el gusano hasta
el hombre, pero todavía hay en vosotros mucho de gusano.

(Ib.)

975 MONO:

En otro tiempo fuisteis monos, y ahora es el hombre
más mono que cualquier mono.

(Ib.)

976 PUENTE:

El hombre es una cuerda tendida entre la bestia
y el superhombre: una cuerda sobre el abismo.

(Ib., 4.)

977 TRANSITO:

Lo más grande del hombre es que es un puente y no un
fin en sí. Lo que debemos amar en el hombre es que es
un tránsito y un descenso.

(Ib.)

978 MORIR:

Yo amo a aquellos que no saben vivir más que para
desaparecer, porque ellos son los que pasan al otro lado.

(Ib.)

979 VIRTUD:

Yo amo a los que no quieren tener demasiadas virtudes.
Una virtud es más virtud que dos, porque es más fuerte
el nudo al que se sujeta el destino.

(Ib.)

980 VENENO:

Un poco de veneno, de vez en cuando, condimenta los
sueños. Y mucho veneno hace agradable la muerte.

(Ib., 5.)

981 FRAGILIDAD:

Qué ingrata es la vida humana y cuán falta de sentido:
un payaso puede serle fatal.

(Ib., 7.)

982 SENSATEZ:

Pediré a mi orgullo que siempre camine
de acuerdo con mi prudencia.

(Ib., 10.)

983 GRANDEZA:

Las grandes cosas exigen que no se hable de ellas o que
se hable de ellas con grandeza.

(*La voluntad de poder,* Prefacio, 1.).

984 CIENCIA:

Lo que caracteriza al siglo XIX no es la victoria de la
Ciencia, sino la victoria de los métodos científicos
sobre la Ciencia.

(Ib., III-1.)

985 CONCIENCIA:

La verdad es aquella clase de error sin el que no puede
vivir un ser viviente de una determinada especie.
El valor para la vida es lo que decide, en último
término.

(Ib., III-2.)

986 PRAGMATISMO:

Somos conscientes en la medida en que la conciencia
nos es útil.

(Ib.)

987 DEGENERACION:

Nada es más feo que el hombre que degenera.

(*Crepúsculo de los idolos.*)

988 LUCHA:

Para conservarse joven es preciso que el alma
no descanse; que el alma no pida paz.

(Ib.)

989 FORTALEZA:

En la escuela de guerra de la vida
el que no me mata me hace más fuerte.

(Ib.)

990 QUEJA:

La queja. . . puede dar a la vida un aliciente
que la haga soportable: en toda queja hay
una dosis refinada de venganza.

(Ib.)

991 INMOLACION:

El hecho de suprimirse es el más estimable
de los hechos: casi da derecho a vivir.

(Ib.)

992 VALENTIA:

Es preciso tener necesidad de ser fuerte;
de lo contrario, no se llega jamás a serlo.

(Ib.)

993 PROGRESO:

Avanzar poco a poco, adelantando en la decadencia.

(Ib.)

994 INMORTALIDAD:

Crear cosas sobre las cuales el tiempo pruebe en vano
sus dientes; tender, por la forma y por la sustancia
a una pequeña inmortalidad.

(Ib.)

LUDWIG FEUERBACH (1804-1872)

Ateo, de influencia hegeliana pero, a la vez, materialista,
inspiró a Marx el materialismo histórico.

995 PENSAMIENTO E INTUICION:

El pensamiento es la necesidad de la cabeza;
la intuición, la necesidad del corazón.

(*Tesis provisionales sobre la reforma de la filosofía.*)

996 CIENCIA:

La ciencia es la conciencia de las especies.
En la vida tratamos de individuos; en la ciencia,
tratamos de especies.

(*La esencia del cristianismo,* Introducción, 1.)

997 FACULTADES:

La fuerza del pensamiento es la luz del conocimiento;
la fuerza de la voluntad es la energía del carácter;
la fuerza del corazón es el amor.

(Ib.)

998 HOMBRE:

El hombre tiene su ser en Dios.

(Ib., 2.)

KARL MARX (1818-1883)

Materialista y ateo, piensa que no es el espíritu el que determina el proceso histórico, sino que las relaciones económicas
son las que estructuran la sociedad.

999 PRACTICA:

Es en la práctica donde el hombre tiene que
demostrar la verdad.

(*Tesis sobre Feuerbach,* 2.)

1000 ESTRUCTURA:

El hombre depende de la estructura económica
de su tiempo.

(Ib., I-6.)

1001 PROPIEDAD BURGUESA:

Propiedad burguesa es la apropiación basada en la
explotación de los unos por los otros.

(*Manifiesto del Partido Comunista,* II.)

1002 COMUNISMO:

El carácter distintivo del comunismo no es la abolición
de la propiedad en general, sino la abolición de la
propiedad burguesa.

(Ib.)

1003 TRABAJO:

¡La propiedad personal, fruto del trabajo y del mérito!
¿Se quiere hablar de la propiedad del pequeño burgués,
del pequeño labrador, forma de propiedad anterior a la
propiedad burguesa? No tenemos por qué abolirla.

(Ib.)

1004 PROPIEDAD:

No queremos, de ninguna manera, abolir esta propiedad
personal de los productos del trabajo, indispensable
para la conservación y para la reproducción de la
vida humana.

(Ib.)

1005 COMUNISMO:

El comunismo no arrebata a nadie la facultad de
apropiarse de los productos sociales; no quita sino
el poder de apoderarse del trabajo de otro.

(Ib.)

WILLIAM JAMES (1842-1910)

Americano, dedicado más bien, a los estudios de Psicología;
es el fundador del pragmatismo.

1006 PROJIMO:

Un hombre que no tenga ninguna filosofía
es el menos propicio e inaprovechable de
todos los prójimos posibles.

(*La filosofía y sus críticos.*)

1007 CIENCIA Y FILOSOFIA:

Las ciencias son ramas del árbol de la Filosofía.
Tan pronto las preguntas fueron contestadas con exactitud,
las respuestas fueron llamadas "científicas";
y lo que los hombres llaman hoy "filosofía" no es sino
el residuo de cuestiones aún no contestadas.

(Ib.)

1008 PRAGMATISMO:

El método pragmático consiste en tratar de interpretar
cada acción, trazando sus consecuencias prácticas.

(*Pragmatismo,* Conferencia II.)

1009 YO-SOCIAL:

Una persona tiene tantos YOS sociales cuantos son los
individuos que lo reconocen y conservan mentalmente
su imagen.

(Ib.)

1010 AMOR PROPIO:

No hay en la tierra un ser tan humilde que no
se sienta a sí mismo real e importante.

(Ib.)

1011 EGOISMO:

Cada mente, para poder persistir, habrá de tener
un cierto *mínimum* de egoísmo.

(Ib.)

XV FILOSOFOS CONTEMPORANEOS

FRANZ BRENTANO (1838-1917)

Sacerdote austriaco dedicado principalmente a la psicología,
contribuye grandemente a la filosofía de nuestros días, inspi-
rando la teoría de los valores, el método fenomenológico
y, sobre todo, la idea de la "intencionalidad".

1012 ELECCION:

Todos los fines últimos son diferentes . . .
También entre ellos cabe elección. Y esta elección
es la más importante de todas.

(*El origen del conocimiento moral.*)

1013 DIOS:

Quien nombra a Dios da expresión a la representación
de Dios. Pero el que dice: "Existe un Dios", da expresión
a su creencia en Dios.

(Ib.)

1014 BUENO:

Lo que sea amable con amor justo, lo digno de ser amado,
es lo bueno en el más amplio sentido de la palabra.

(Ib.)

1015 LO MEJOR:

Elige lo mejor de entre lo accesible;
será la única respuesta conveniente.

(Ib.)

1016 SABER:

Todo saber aporta, en su esfera,
una cierta libertad y redención.

(*El porvenir de la filosofía.*)

1017 FENOMENOS:

Nuestro intento se encamina a dilucidar estos dos
nombres: fenómeno físico, fenómeno psíquico. Queremos
excluir todo equívoco y toda confusión tocante a ellos.

(*Psicología,* I.)

1018 ACTIVIDADES PSIQUICAS:

Hay que distinguir tres clases capitales de actividades
psíquicas:

1. Representaciones
2. Juicios
3. Emociones, interés o amor

(Ib., II.)

WILHELM DILTHEY (1833-1911)

Gran teórico de las ciencias del espíritu, dedicado sobre todo a la historia y la psicología, es, junto con Brentano, de influencia decisiva para la filosofía actual.

1019 FILOSOFIA:
La filosofía es más que pensamiento: es el principio
de la formación autónoma de la persona y de la sociedad.
(*Tratado de las concepciones del mundo, IV-1.*)

1020 RELATIVISMO:
Toda concepción del mundo está condicionada
históricamente; por tanto, es limitada, relativa.
(Ib., VIII.)

1021 ASPECTOS:
Cada una de las concepciones del mundo expresa, dentro
de nuestros límites intelectuales, un aspecto del universo.
Todos son, por ende, verdaderos. Pero todos son
unilaterales.
(Ib.)

1022 VERDAD:
Nos está vedado contemplar juntos esos aspectos.
Sólo podemos ver la pura luz de la verdad en un
rayo refractado de distintos modos.
(Ib.)

1023 FILOSOFO:
El filósofo busca un saber universalmente válido y,
mediante el, una decisión acerca de los enigmas de
la vida. Hay que resolverla.
(Ib.)

1024 HISTORIA:
Qué sea el hombre, sólo se lo dice su historia.
(Ib.)

1025 PASADO:

La melodía de nuestra vida está condicionada
por los acordes del pasado, que la acompañan.

(Ib.)

CHARLES SANDERS PEIRCE (1839-1914)

1026 INTUICION:

El aceptar las proposiciones que nos parecen perfectamente
evidentes es algo que, sea lógico o ilógico, resulta
inevitable.

(*Cómo tener ideas claras.*)

1027 IDEAS CLARAS:

La primera lección que tenemos derecho de exigir a
la Lógica es que nos enseñe cómo tener ideas claras.

(Ib.)

1028 IDEAS CLARAS:

Unas pocas ideas claras valen más que muchas confusas.

(Ib.)

1029 MADUREZ:

La madurez intelectual, en lo que concierne a la
claridad de ideas, suele llegar muy tarde.

(Ib.)

1030 DUDA:

La actividad del pensamiento es excitada por la irritación
de la duda, y cesa cuando se alcanza la certeza.

(Ib.)

1031 ATENCION:

Las ideas realmente valiosas sólo pueden ser
obtenidas al precio de una estricta atención.

(Ib.)

1032 REALIDAD:

La realidad es independiente, no necesariamente del
pensamiento en general, sino tan sólo de lo que usted
o yo, o cualquier número de personas podamos pensar
sobre ella.

(Ib.)

JOSIAH ROYCE (1855-1916)

1033 FILOSOFIA:

La filosofía es esencialmente una crítica de la vida.
(Naturaleza y necesidad de la fidelidad.)

1034 FIDELIDAD:

Fidelidad significa, de acuerdo con una definición
preliminar que propongo, la devoción voluntaria,
práctica y completa de una persona a una causa.

(Ib., III.)

1035 FIDELIDAD:

Vivir una vida fiel, sea cual fuere la causa que se
siga, es vivir de una manera que, sin duda, esté libre
de las conocidísimas fuentes de descontento interior.

(Ib., IV.)

1036 VACILACION:

La vacilación se corrige a menudo con la fidelidad,
pues la causa dice claramente al hombre fiel lo que
debe hacer.

(Ib.)

1037 VOLUNTAD:

Una de las principales tareas de mi vida es
aprender a tener una voluntad mía propia.

(Ib., VI.)

1038 ACCIONES:

La lengua es un miembro indócil y se mueve con rebeldía.
Enseñad costumbres a los hombres y los equiparéis con
armas para la expresión de su personalidad.

(Ib.)

1039 DEBER:

Mi deber no es más que mi voluntad
llevada a mi clara autoconciencia.

(Ib.)

GEORG SIMMEL (1858-1918)

Agudo pensador alemán, anticipa varias ideas que posteriormente se desarrollarán en el existencialismo.

1040 FILOSOFIA:

Lo que la filosofía es, sólo dentro de la propia
filosofía, sólo con sus conceptos y medios puede
ser realmente determinado.

(*Qué es filosofía.*)

1041 PENSADOR:

Sólo en la filosofía es donde cada pensador, cuando es
original, determina no únicamente lo que quiere responder,
sino lo que quiere preguntar. . . para responder al
concepto de filosofía.

(Ib.)

1042 FILOSOFO:

El filósofo posee un sentido para la totalidad
de las cosas y la capacidad de transformar esta intuición
o ese sentimiento de la totalidad en conceptos y
enlazarlos lógicamente.

(Ib.)

1043 CIENCIA:

La ciencia que la humanidad tiene en un momento dado
depende de lo que es la humanidad en ese momento.

(Ib.)

1044 FILOSOFIA:

El pensamiento filosófico objetiva lo personal
y personaliza lo objetivo.

(Ib.)

1045 VERDAD:

La verdad filosófica no es la concordancia del
pensamiento con el objeto, sino la adecuada
expresión del ser del propio filósofo.

(Ib.)

1046 FILOSOFO:

En general el hombre está siempre orientado hacia alguna
particularidad. . . Pero el filósofo posee un sentido para
la totalidad de las cosas.

(Ib.)

1047 AMBIENTE:

Toda existencia individual está determinada por
innumerables influencias del ambiente humano.

(*El problema de la sociología.*)

1048 ACTIVIDAD HUMANA:

Toda actividad humana transcurre dentro de la sociedad,
sin que nadie pueda sustraerse a su influjo.

(Ib.)

1049 SOCIALIZACION:

La socialización sólo se presenta cuando la coexistencia
aislada de los individuos adopta formas determinantes de
cooperación y colaboración que caen bajo el concepto
general de la acción recíproca.

(Ib.)

1050 UNION:

En la naturaleza las cosas están mucho más separadas
que las almas.

(Ib.)

1051 FRAGMENTOS:

Todos somos fragmentos no sólo del hombre en general,
sino de nosotros mismos.

(Ib., *Digresión.*)

SAMUEL ALEXANDER (1859-1938)

1052 LO UNIVERSAL:

La individualidad es un carácter impregnante de las
cosas, pero también puede decirse que no hay nada
individual que no tenga carácter reconocible mediante el
pensamiento como un universal.

(*Espacio, tiempo y divinidad.*
— Filosofía y ciencia.)

1053 GENERALIZACION:

La generalización de su objeto es la esencia misma
de todas las ciencias.

(Ib.)

1054 FILOSOFIA:

La filosofía puede ser descrita como el estudio
experimental o empírico, y de las relaciones que
se derivan de lo empírico con lo *a priori.*

(Ib., *El método de la filosofía
empírica.*)

1055 LO EXPERIMENTAL:

Las sensaciones no son las únicas integrantes de la
experiencia. Los pensamientos son tan experimentales
como las sensaciones, y tan vitales para la experiencia.

(Ib.)

1056 METODO EMPIRICO:

La filosofía que sigue un método empírico no es, por ello, necesariamente sensualista. Se ocupa del mundo real, pero las partes del mismo, de las que se ocupa empíricamente, son partes no empíricas de ese mundo real.

(Ib.)

JOHN DEWEY (1859-1952)

1057 MEMORIA:

Lo que ocurre en el pasado vuelve a ser vivido en la memoria.

(*Reconstrucción de la filosofía,* I.)

1058 REMINISCENCIAS:

El hombre vive en un mundo en el que cada ocurrencia está cargada con ecos y reminiscencias de lo que ha ocurrido antes. . . Cada acontecimiento es un recordatorio.

(Ib.)

1059 INTERES:

Nosotros recordamos, naturalmente, lo que nos interesa y porque nos interesa.

(Ib.)

1060 MEMORIA:

La vida primaria de la memoria es emotiva más bien que intelectual y práctica.

(Ib.)

1061 CONOCIMIENTO:

El conocimiento no es algo separado y que se baste a sí mismo, sino que está envuelto en el proceso por el cual la vida se sostiene y se desenvuelve.

(Ib., LV.)

1062 RAZON:

La razón y la ley son sinónimas.

(Ib.)

1063 INCITANTES:

Las sensaciones no son parte de ningún conocimiento, bueno o malo, superior o inferior, imperfecto o completo. Son, más bien, provocaciones, incitantes, ocasiones para un acto de indagación que ha de terminar en conocimiento.

(Ib.)

1064 HOMBRE:

El hombre no vive, como las bestias salvajes, en un mundo de cosas meramente físicas, sino en un mundo de signos y de símbolos.

(Ib., I.)

1065 MEMORIA:

La memoria es una experiencia sustituta, en la cual se da todo el valor emocional de la experiencia actual sin su tensión, sus vicisitudes y sus perturbaciones.

(Ib., I.)

1066 METAFISICA:

La metafísica es una sustituta de la costumbre, como fuente y garantía de los más altos valores morales y sociales; una filosofía renovada y restaurada por la filosofía cristiana de la Europa medieval.

(Ib., I.)

EDMUND HUSSERL (1859-1938)

El discípulo más notable de Brentano, ha influido de una manera muy notable en la filosofía de los últimos cuarenta años. Es el iniciador de la fenomenología ya sugerida por Brentano.

1067 ESFERAS:
El reino de la verdad se divide, objetivamente,
en distintas esferas. No está en nuestro albedrío
el modo y el punto de deslinde entre las esferas
de la verdad.
(*Investigaciones lógicas,* Introducción, 2.)

1068 VERDAD:
Las conexiones de las verdades son distintas de las
conexiones de las cosas, que son "verdaderas" en aquéllas.
(Ib.)

1069 CONOCIMIENTO:
Cuando llevamos a cabo un acto de conocimiento
(cuando vivimos en él), estamos "ocupados con lo
objetivo"; y si juzgamos con evidencia, lo objetivo nos
es "dado" originariamente.
(Ib.)

1070 FENOMENOLOGIA:
La fenomenología expresa "descriptivamente", con
expresión pura, en conceptos de esencia y en enunciados
regulares de esencia, la esencia aprehendida directamente
en la intuición.
(*Investigaciones para la fenomenología y teoría del conocimiento,*
Introducción.)

1071 INTUICION:
Queremos retroceder a las "cosas mismas". Sobre intui-
ciones plenamente desenvueltas queremos llegar a la
evidencia de que lo dado aquí, en abstracción actualmente llevada a cabo, es verdadera y realmente, lo menta-
do por las palabras.
(Ib., 2.)

1072 FENOMENOLOGIA:
Sólo la fenomenología disipa la ilusión que nos impulsa
a convertir lo lógico objetivo en psicológico.
(Ib.)

1073 FILOSOFIA:

La meta ideal de la filosofía sigue siendo puramente la concepción del mundo, que precisamente, en virtud de su esencia, no es ciencia. La ciencia no es más que un valor, entre otros.

(*La filosofía como ciencia estricta.*)

1074 SABIDURIA:

La ciencia genuina, hasta donde alcanza su verdadera doctrina, carece de profundidad. La profundidad es cosa de la sabiduría.

(Ib.)

1075 INQUIETUD:

Se dice que nuestra época es de decadencia. Yo no tengo por justificado ese reproche. Y sería cometer una gran injusticia con nuestra época si le imputáramos la voluntad por lo inferior. Nuestra época sólo quiere creer en "realidades".

Su más fuerte realidad es la ciencia y, por consiguiente, la que más necesita es la "ciencia filosófica".

(Ib.)

1076 FENOMENOLOGIA:

La psicología fenomenológica debe su nombre a los "fenómenos", de cuyo aspecto psicológico se ocupa.

(*Fenomenología,* I.)

1077 EXPERIENCIA:

En vez de los objetos en sí mismos, de los valores, fines, etcétera, consideremos las experiencias subjetivas en las que "aparecen".

(Ib.)

1078 OBJETIVIDAD:

El juicio, la valoración, la pretensión, no son experiencias vacías que la conciencia tiene. . . sino experiencias compuestas de una corriente intencional.

(Ib.)

1079 LO INTENCIONAL:
Lo experimentado como externo no pertenece a lo
"interno" intencional, aunque nuestra experiencia de
ello resida allí, como experiencia de lo externo.

(Ib.)

1080 "EPOKE":
Solemos decir que nuestra comprensiva "epoké" pone el
mundo entre paréntesis, esto es, excluye del campo del
sujeto el mundo que simplemente está allí, y presenta en
su lugar el mundo experimentado.

(Ib.)

1081 DESCRIPCION FENOMENOLOGICA:
La descripción fenomenológica debe comprender dos
partes: descripción de lo "noético" (nóea) del
"experimentar", y descripción de lo "noemático"
(nóema) o "experimentado".

(Ib.)

1082 MUNDO:
El mundo "nace" en nosotros, como Descartes hizo
reconocer, y dentro de nosotros adquiere su influencia
habitual.

(*Fenomenología*, II.)

1083 TRASCENDENCIA:
Lo que vi bajo la reflexión psicológica "mi objetivación",
lo veo bajo la reflexión trascendental como . . . objetivado
por el "yo" trascendental.

(Ib.)

BENEDETTO CROCE (1866-1952)

Notable filósofo e historiador, fue político en algunas épocas
(de Giolitti y de Badoglio), y acérrimo enemigo del fascismo.

1084 LOGICA:

Es inadmisible la lógica especialmente cuando es
entendida como doctrina de los métodos y, concretamente,
de los métodos demostrativos e intrínsecos.

(*La lógica como ciencia del concepto puro*, II,-1.)

1085 METODO:

El método de una forma de saber y, en general, de una
forma del espíritu no es algo diverso de la forma
misma a la cual se refiere. El método de la poesía es
la poesía; el de la filosofía, la filosofía; el de la
matemática, la matemática; y así para las otras formas
del saber.

(Ib.)

1086 METODO:

Sólo a fuerza de abstracciones empíricas se puede
distinguir el método de la actividad misma.

(Ib.)

1087 FILOSOFIA:

Se ha dicho que la filosofía no es ciencia, sino
crítica de la ciencia.

(Ib., II, La filosofía.)

1088 LOGICA:

La Lógica figura como categoría de la categoría
o filosofía de la filosofía, y es como si estuviera,
al mismo tiempo, en y sobre la filosofía.

(Ib.)

1089 CONCEPTO:

Pensar (el concepto) como universal equivale a pensarlo,
al mismo tiempo, como particular y como singular;
es decir, pensar el sistema completo de conceptos distintos.

(Ib.)

1090 CONCEPTO:

Aquellos que quieren pensar filosóficamente un concepto aislado sin tener en cuenta a todos los demás, son como médicos que quieren curar un órgano sin tener en cuenta la totalidad del organismo.

(Ib.)

1091 FILOSOFIA:

La infinitud de la filosofía, su continuo cambio, no es un tejer y destejer, sino una continua superación.

(Ib., IV, La historia.)

1092 FILOSOFIA:

La nueva proposición filosófica es posible sólo a merced de la antigua; y la antigua vive eterna en la nueva que la sigue.

(Ib.)

1093 INTUICION:

Por la intuición, que es individuación indiscriminada, se asciende a lo universal, que es individuación discriminada; por el arte, a la filosofía, que es historia.
(*La lógica como ciencia del concepto puro*, IV.)

1094 HISTORIA:

Toda historia es, al mismo tiempo, crítica; y toda crítica es historia.

(Ib.)

1095 ANIMAL:

El animal está condicionado por toda la naturaleza y por toda la historia; pero no lo sabe.

(Ib.)

1096 FECUNDIDAD:

El amor pasa, pero engendra otros seres que,
a su vez, amarán.
El pensamiento pasa, pero engendra otros pensamientos
que, a su vez, incitarán a pensar.

(Ib.)

HENRI BERGSON (1859-1941)

Fino escritor y conferenciante, es el filósofo francés más
importante de nuestro tiempo.

1097 METODOS:

Los filósofos están de acuerdo en distinguir dos maneras
profundamente diferentes de conocer una cosa. La primera
implica que se dan vueltas alrededor de esta cosa; la
segunda, que se entra en ella.

(*Introducción a la metafísica.*)

1098 METODO RELATIVO:

La primera depende del punto de vista en que uno se
ponga y de los símbolos por los que uno se expresa.

(Ib.)

1099 METODO ABSOLUTO:

La segunda no se toma desde algún punto de vista y no
se apoya sobre ningún símbolo.

(Ib.)

1100 METODO INADECUADO:

Todas las fotografías de una ciudad tomadas desde todos
los puntos de vista posibles, en vano se completarían
indefinidamente unas a otras; nunca equivaldrían a este
ejemplar en relieve que es la ciudad por la que nos
paseamos.

(Ib.)

1101 METODO ADECUADO:

Un absoluto no podría darse más que en una intuición,
mientras que todo lo demás pertenece al análisis.

(Ib.)

1102 INTUICION:

Llamamos aquí intuición a la "simpatía" por la que nos
transportamos al interior del objeto para coincidir con
lo que tiene de único y, por consiguiente, de inexpresable.

(Ib.)

1103 METAFISICA:

La metafísica es, pues, la ciencia que pretende
prescindir de los símbolos.

(Ib.)

1104 EL "YO":

Hay, al menos, una realidad que todos captamos desde
dentro, por intuición y no por simple análisis.
Es nuestra propia persona en su fluir a través del tiempo.

(Ib.)

1105 VIVIR:

Vivir consiste en envejecer. Pero es también un enrollar
continuo, como el hilo de un ovillo, pues nuestro pasado
nos sigue, se incrementa sin cesar en el presente que
recoge en su camino; conciencia significa memoria.

(Ib.)

1106 PASADO:

No hay sentimiento, por simple que sea, que no encierre
virtualmente el pasado y el presente del ser que lo
experimenta.

(Ib.)

1107 EL "YO":

Nada más fácil que decir que el yo es multiplicidad
y unidad, o la síntesis de una y otra.

(Ib.)

183

1108 PENSAR:

Pensar consiste habitualmente en ir de los conceptos
a las cosas, y no de las cosas a los conceptos.

(Ib.)

1109 CONOCER:

Conocer una realidad es, en el sentido usual de la palabra,
tomar conceptos ya hechos, dosificarlos y combinarlos
unos con otros, hasta que óbtengamos un equivalente
práctico de lo real.

(Ib.)

1110 CONOCER:

No tendemos, en general, a conocer por conocer,
sino a conocer para tomar partido, para sacar un
provecho, en fin, para satisfacer un interés.

(Ib.)

1111 FLUIR:

No hay estado de alma, por simple que sea, que no
cambie a cada instante, puesto que no hay conciencia
sin memoria, continuación de un estado sin adición, al
sentimiento presente, del recuerdo de los movimientos
pasados.

(Ib.)

1112 MOVILIDAD:

Hay una realidad externa, inmediatamente dada a nuestro
espíritu. Esa realidad consiste en movilidad.

(Ib.)

1113 CAMBIO:

No existen cosas ya hechas, sino solamente cosas que se
hacen; no estados que se mantienen, sino solamente
estados que cambian.

(Ib.)

184

1114 TENDENCIA:

Toda realidad es tendencia, si convenimos en llamar tendencia a un cambio de dirección en estado naciente.

(Ib.)

1115 MEMORIA:

No hay conciencia sin memoria.

(Ib.)

1116 CONCEPTOS:

Se comprende que los conceptos fijos pueden extraerse de la realidad móvil, por nuestro pensamiento; pero no hay medio alguno de reconstruir, con la fijeza de los conceptos; la movilidad de lo real.

(*Introducción a la metafísica.*)

1117 TIEMPO:

Dondequiera que algo vive hay, abierto en alguna parte, un registro donde el tiempo se va inscribiendo.

(*La evolución creadora,* I.)

1118 INSTINTO:

No hay instinto que no esté rodeado de una franja de inteligencia.

(*La evolución creadora,* La inteligencia y el instinto.)

1119 ACCION:

Originalmente pensamos para obrar: nuestra inteligencia se ha fundido en los moldes de la acción. La especulación es un lujo; la acción es una necesidad.

(*La evolución creadora,* I, — biología y filosofía.)

1120 TIEMPO REAL:

Nosotros no pensamos el tiempo real, pero lo vivimos, porque la vida rebasa la inteligencia.

(Ib.)

1121 INSTINTO E INTELIGENCIA:

Instinto e inteligencia representan dos soluciones divergentes, las dos igualmente elegantes (en el sentido matemático de la palabra) de un mismo problema.
(*La evolución creadora,* La inteligencia y el instinto.)

1122 INTELIGENCIA:

La inteligencia es esencialmente unificación; todas sus operaciones tienen por objeto común introducir en la diversidad de los fenómenos cierta unidad.
(*La evolución creadora,* Función natural de la inteligencia.)

1123 INSTINTO:

El instinto está moldeado por la misma forma de vida. No hace más que continuar aquella especie de trabajo mediante el cual la vida organiza la materia hasta el punto de que es difícil decir dónde acaba la organización y dónde comienza el instinto.
(*La evolución creadora* II, Naturaleza del instinto.)

1124 INSTANTANEAS:

Las cualidades de la materia son otras tantas vistas estables que tomamos sobre su inestabilidad.
(Ib., El devenir y la forma.)

1125 DEVENIR:

Lo real es el cambio continuo de forma. La forma es una instantánea tomada sobre una transición.
(Ib.)

1126 CARACTER CINEMATOGRAFICO:

El carácter cinematográfico de nuestro conocimiento de las cosas depende del carácter kaleidoscópico de nuestra adaptación a las mismas cosas.
(Ib.)

LEON OLLE-LAPRUNE (1839-1898)

1127 FILOSOFIA:
El fin de la filosofía "integral" es acercarse
a la religión.

(Las fuentes de la paz intelectual.)

1128 RELIGION:
La religión es el complemento de la filosofía.
(Ib.)

1129 RELIGION:
La religión es la esperanza en el Ser.
(Ib.)

MAURICE BLONDEL (1861-1949)

Católico, de la misma generación que Bergson, contribuyó
mucho a la superación del positivismo en Francia.

1130 ACCION:
Más que como una necesidad, la acción se me presenta,
frecuentemente, como una obligación.

(La acción, Introducción.)

1131 DETERMINISMO:
No se anda, no se aprende, no se enriquece uno más que
cerrando todas las puertas, menos una, y desprendiéndose
de todo lo que ha podido saberse y ganarse de otro modo.
(Ib.)

1132 DETERMINISMO:
Cada determinación suprime una infinidad de actos
posibles. Nadie escapa a esta mortificación natural.
(Ib.)

1133 DECISION:

No tengo el derecho de esperar o dejo de tener el poder de elegir. Si no actúo con mi propio movimiento, hay algo en mí o fuera de mí que actúa sin mí; y lo que actúa sin mí, actúa, de ordinario, contra mí.

(Ib., 1.)

1134 ESCLAVITUD:

Si rechazo mi libre sacrificio, caigo en la esclavitud.

(Ib.)

1135 SACRIFICIO:

Un prejuicio de escuela o partido, una palabra de orden, una conveniencia mundana, un placer, son suficientes para que se pierda todo reposo, se sacrifique toda libertad. . . y he aquí por lo que frecuentemente se vive y se muere. . .

(Ib.)

1136 FE:

No puedo diferir el actuar hasta que haya aparecido una evidencia, y toda evidencia que brilla ante el espíritu es parcial. . . En todo acto hay un acto de fe.

(Ib.)

1137 SUBCONCIENCIA:

Tanto unas veces no hago todo lo que quiero, como otras hago, casi sin saberlo, lo que no quiero.

(Ib.)

1138 OBLIGACION:

La acción es una necesidad, actuaré. La acción me parece, frecuentemente, como una obligación, obedeceré. Peor para mí si es una ilusión.

(Ib., 2.)

1139 SOLO:

Ninguno puede estar en mi lugar. Se trata de mí y de mi todo; experimento conmigo y con mi todo. No se cuenta más que con uno; y las verdaderas pruebas, las verdaderas certezas son las que no se comunican.

Se vive solo como se muere solo; los otros no hacen nada.

(Ib.)

1140 SER:

Soy hasta el punto en que sería mejor para mí no ser; para ser tengo siempre que querer ser.

(Ib.)

1141 TRASCENDENCIA:

La vida personal, aunque reside en el cosmos, es acósmica por una emergencia que la transforma en una exigencia de infinito.

(*El Ser y los seres.*)

ALFRED NORTH WHITEHEAD (1861-1947)

1142 EXPERIENCIA:

La base de la experiencia es, más bien, emocional o, dicho con más generalidad, el hecho básico es que de las cosas de que se trata surge un tono afectivo.

(*Aventuras de las ideas*, III, Capítulo XI, Objetos y sujetos.)

1143 PASADO:

El pasado tiene una existencia objetiva en el presente.

(Ib.)

1144 FUTURO:

Si se suprime el futuro, se derrumba el presente por quedar vacío de contenido propio.

(Ib.)

MIGUEL DE UNAMUNO (1864-1936)

Filósofo y literato, figura destacada de la generación del 98, fue un gran sensibilizador de España. Fue varias veces rector de la Universidad de Salamanca.

1145 HOMBRE:

A un hombre de verdad se le descubre, se le crea en un momento, en una frase, en un grito. . . Y luego que lo hayáis así descubierto, lo conoceréis mejor que él se conoce a sí mismo.

(*Tres novelas ejemplares y un prólogo.*)

1146 HUMANO:

Todo ser humano lleva dentro de sí las siete virtudes
y sus siete opuestos vicios capitales: es orgulloso y
humilde, glotón y sobrio, rijoso y casto, envidioso y
caritativo, avaro y liberal, perezoso y diligente,
iracundo y sufrido. Y saca de sí mismo lo mismo al tirano
que al esclavo, al criminal que al santo, a Caín que a Abel.

(Ib.)

1147 MUERTE:

Cuando no se cree más que en la vida
de la carne, se camina hacia la muerte.

(*En torno al casticismo,* II.)

1148 VOCACION:

Una vida espiritual entrañada es repetición, es costumbre,
santo cumplimiento del oficio cotidiano, del destino y de
la vocación.

(*Discurso.* Inauguración Cursos Universidad de Salamanca
1934-1935.)

1149 DOCENCIA:

Enseñar es, ante todo y sobre todo, aprender.

(Ib.)

1150 COMUNICACION:

Querer es sentir, sentir es pensar y pensar es hablar.
Hablarse uno a sí mismo y hablar con los demás y con
Dios, si lo logra.

(Ib.)

1151 LENGUAJE:

Las creencias que nos consuelan, las esperanzas que nos
empujan al porvenir, los empeños y los ensueños que nos
mantienen en pie de marcha histórica hacia la misión de
nuestro destino. . . arraigan en el lenguaje común.

(Ib.)

1152 LENGUA:
Cada lengua lleva implícita, mejor dicho, encarnada
en sí una concepción de la vida universal y, con ella,
un sentimiento (se siente con palabras), un consentimiento,
una filosofía y una religión.
(Ib.)

1153 EXISTENCIA:
Si la conciencia no es más que un relámpago entre dos
eternidades de tinieblas, entonces no hay nada más
excelente que la existencia.
(*Del sentimiento trágico de la vida.*)

1154 TRAGEDIA:
Vivimos de contradicciones y, por ellas,
como que la vida es tragedia.
(Ib.)

1155 CONTRADICCION:
La tragedia es perpetua lucha sin victoria
ni esperanza de ella; es contradicción.
(Ib.)

1156 RELIGION:
Toda religión arranca históricamente del culto a los
muertos, es decir, del culto a la inmortalidad.
(Ib.)

1157 SUEÑO:
¿Qué sueño? Dejadme soñar. Si este sueño
es mi vida, no me despertéis de él.
(Ib.)

1158 CONSCIENTE:
Hace mucha falta que se repita a diario
lo que a diario, "de puro sabido", se olvida.
(*En torno al casticismo.*)

1159 ANTIGÜEDAD:

La antigüedad es la niñez de los pueblos y
la niñez es la antigüedad del alma.

(Ib.)

1160 CONVIVENCIA:

Convivir es consentirse y consentirse es entenderse unos
a otros, comprenderse.
Y esta convivencia social, civil y religiosa, esta comprensión
que es la patria, la nacionalidad, nos es más que preciosa
ahora, en esta crisis de renacimiento.

(*Discurso,* Universidad de Salamanca.)

1161 INMORTALIDAD:

Ninguna creencia, ningún ensueño, ninguna leyenda,
ningún mito, si fueron vivos, mueren.

(Ib.)

1162 VIDA:

El hombre tiene que soñar la vida, que es sueño.

(*Tres novelas ejemplares y un prólogo,* III.)

1163 FE:

La fe es la fuente de la realidad, porque es vida.
Creer es crear.

(Ib.)

1164 HOMBRE:

El hombre más real *(realis),* más *res,* más cosa, es decir,
más causa (sólo existe lo que obra), es el que quiere ser.

(Ib.)

1165 NIÑO:

El niño nace inconsciente, y su conciencia se hace en el
seno de su pueblo, que es como su matriz espiritual.

(*Discurso,* Universidad de Salamanca.)

FERDINAND CANNING SCOTT SCHILLER (1864-1937)

Amigo de William James, su filosofía representa una variante del pragmatismo, el "humanismo".

1166 COMENTARIOS:
Hacen falta nuevos comentarios para ayudar a los espíritus modernos a cantar la belleza e importancia del pensamiento de Aristóteles.

(Actividad y substancia, II.)

1167 HUMANISMO:
El humanismo es realmente el más sencillo de los puntos de vista filosóficos. Se trata simplemente de la percepción de que el problema filosófico concierne a seres humanos que se esfuerzan por comprender un mundo de experiencia humana mediante los recursos de intelectos humanos.

(Definición del pragmatismo y humanismo, III.)

1168 HUMANISMO:
El humanismo no se enfrenta con los postulados del realismo de sentido común; no niega lo que vulgarmente se define como mundo exterior. Tiene un absoluto respeto por el valor pragmático de unos conceptos que, de hecho, resultan mucho más útiles que los de la metafísica, que los desprecia.

(Ib.)

1169 HUMANISMO:
Porque el humanismo es verdadero para una más amplia vida del hombre, debe ser, en cierta medida, falso para los estudios artificialmente recluidos en una "sede de la sabiduría"

(Ib.)

BERTRAND RUSSELL (1872-1970)

De actividad intelectual muy amplia, destaca en la filosofía de las matemáticas.

1170 CONOCIMIENTO:
El conocimiento directo de una cosa no implica lógicamente el conocimiento de sus relaciones.
(*Los problemas de la filosofía*, XIV.)

1171 ERROR:
La filosofía puede proclamar con justicia que disminuye el riesgo del error y, en algunos casos, lo hace tan pequeño que es prácticamente despreciable. No es posible hacer más en un mundo donde es necesario equivocarse.
(Ib.)

1172 FILOSOFIA:
Muchos, bajo la influencia de la ciencia o de los negocios prácticos, se inclinan a dudar que la filosofía sea algo más que una ocupación inocente, pero frívola e inútil.
(Ib., XV, El valor de la filosofía.)

1173 BIENES DEL ESPIRITU:
El valor de la filosofía debe hallarse exclusivamente entre los bienes del espíritu; y sólo los que no son indiferentes a estos bienes pueden llegar a la persuasión de que estudiar o hacer filosofía no es perder el tiempo.
(Ib.)

1174 NO-FILOSOFO:
El hombre que no tiene ningún barniz de filosofía va por la vida prisionero de los prejuicios que se derivan del sentido común, de las creencias habituales en su tiempo y en su país, y de las que se han desarrollado en su espíritu sin la cooperación y el consentimiento deliberado de su razón.
(Ib.)

1175 LIBERACION:

La filosofía, aunque incapaz de decirnos con certeza cuál es la verdadera respuesta a las dudas que suscita, es capaz de sugerir diversas posibilidades que amplían nuestros pensamientos y nos liberan de la tiranía de la costumbre.

(Ib.)

1176 LENGUAJE:

Cada uno de nosotros usa palabras en el pensamiento a solas. Sin embargo, el fin capital del lenguaje es la comunicación, y para servir a este fin ha de ser público; no un dialecto privado, inventado por el que habla.

(*El conocimiento humano*, I.)

1177 DEFINICION:

Hay dos modos de lograr saber lo que una palabra significa: Uno es por la definición del vocablo con otras palabras, lo que se llama "definición verbal"; el otro es por oír frecuentemente la palabra cuando el objeto que denota está presente, lo cual se llama "definición ostensiva".

(Ib.)

1178 ESPERANZA:

Nuestra vida esta llena de esperanzas, de las cuales, por regla general, sólo nos damos cuenta cuando resultan fallidas.

(Ib., VI.)

MAX SCHELER (1874-1928)

Representando una tendencia particular dentro de la fenomenología, destaca por sus trabajos de antropología y teoría de los valores.

1179 RESENTIMIENTO:

Resentimiento es un volver a vivir la emoción misma: un volver a sentir, un re-sentir. La palabra implica que la cualidad de esta emoción es negativa, esto es, expresa un movimiento de hostilidad.

(*El resentimiento en la moral*, Observación preliminar.)

1180 RESENTIMIENTO:

El resentimiento es creador de ideales y transformador de valores.

(Ib., Fenomenología del resentimiento.)

1181 VENGANZA:

La sed de venganza conduce al resentimiento tanto más cuanto más reprimida queda la ejecución de la venganza.

(Ib.)

1182 CRITICA:

La crítica "resentida" se caracteriza por no querer en serio lo que pretende querer; no critica por remediar el mal, sino que utiliza el mal como pretexto para desahogarse.

(Ib.)

1183 VALOR:

El sentimiento del propio valor y de las aspiraciones de cada uno gira dentro del puesto que le está asignado.

(Ib.)

1184 INSUSTITUIBLE:

Desde el rey hasta la ramera y el verdugo, todos tienen una distinción formal en la actitud, que consiste en sentirse insustituibles en su puesto.

(Ib.)

1185 EVALUACION:

En el sistema de concurrencia, las ideas relativas a las funciones y sus valores se despliegan, en principio, sobre la base de la actitud, que consiste en querer todos ser más y valer más en todo.

(*El resentimiento en la moral,* I.)

1186 UTILIDAD:

Las diversas maneras de obrar han sido consideradas como útiles para el "bienestar humano", o para la maximización de la vida.

(Ib., II.)

1187 VALOR:
El valor fundamental ha sido siempre el mismo.
(Ib.)

1188 VALOR:
Una fundamental conciencia de valor. . . . está, de hecho,
contenida intuitivamente en todo deseo.
(Ib.)

1189 VALORES:
Los valores no dependen de los fines ni se abstraen
de los fines, sino que van ya incluidos en los
objetivos de la tendencia.
(*El formalismo en la ética y la ética material de los valores,* I.)

1190 QUERER:
El querer debe y puede regirse por los valores materiales
y no sólo por una "ley pura"
(Ib.)

1191 VALOR:
Nuestro querer es "bueno" si es que elige el valor
más alto radicante en las inclinaciones.
(Ib.)

1192 VALIOSO:
El querer no se rige por una ley "formal" que le sea
inmanente, sino por el conocimiento de la altura de
las materias valiosas dadas en las inclinaciones,
conocimiento que se presenta en el "preferir".
(Ib.)

1193 CORAZON:
Al lado de la lógica pura hay una pura teoría
del valor (*ordre du coeur* o *logique du coeur*).
(Ib., II.)

1194 FENOMENOLOGIA:
La fenomenología del valor y la fenomenología de la vida
emocional han de considerarse como un dominio de
objetos e investigaciones enteramente autónomo e
independiente de la lógica.
(Ib.)

1195 ESPIRITU:

Lo que hace del hombre un hombre es un principio que se opone a toda vida en general; un principio que, como tal, no puede reducirse a la "evolución natural de la vida", sino que, si ha de ser reducido a algo, sólo puede serlo al fundamento de que también la "vida" es una manifestación parcial . . . Ese principio es el "espíritu".

(*El puesto del hombre en el cosmos*, II.)

1196 PERSONA:

Denominamos persona al centro activo en que el espíritu se manifiesta dentro de las esferas del ser finito.

(Ib.)

1197 ASCETA:

El hombre es el ser vivo que puede adoptar una conducta ascética frente a la vida. . . El hombre puede reprimir y someter sus propios impulsos. . . Es el ser que sabe decir: "No".

(*El puesto del hombre en el cosmos,* II.)

1198 SUBLIMACION:

El hombre puede "sublimar" la energía de sus impulsos en actividades espirituales.

(Ib.)

1199 ESPIRITU:

El espíritu es el único ser "incapaz de ser objeto"; es actualidad pura.

(Ib.)

NICOLAI HARTMANN (1882-1950)

De la escuela de Marburgo, donde fue condiscípulo y amigo de Ortega, recibió la influencia de la fenomenología y trató, sobre todo, de los valores.

1200 HOMBRE:

Hay que demostrarle (al hombre) que él mismo encierra los grandes problemas irrecusables; sólo que no sabe de ellos.

(*Ontología,* I, Fundamentos, 2.)

1201 VERDAD:

No es justamente una y la misma cosa que algo sea verdadero y que valga por verdadero. También los errores pueden valer por la verdad para una larga serie de generaciones; también lo verdadero puede permanecer oculto o ser incomprensible.

(Ib., 4.)

1202 RECTIFICAR:

Todo avanzar con la vista del espíritu es un
progresivo rectificar errores.

(Ib.)

1203 CIENCIA:

No hay ciencia natural tan exacta que pueda decir lo que son propiamente en sí mismos el espacio, el tiempo, la materia y el movimiento, por no hablar de qué sea causar y ser causado.

(Ib., 5.)

1204 LIBERTAD:

El hombre está, más bien, forzado siempre a obrar.
Su libertad se reduce a la de "cómo obrar"

(Ib., 12.)

1205 LIBERTAD:

No hay, en absoluto, libertad sólo para el bien; únicamente quien es capaz también del mal es capaz del bien en sentido moral.

(Ib.)

1206 CONOCIMIENTO:

El entendimiento y los sentidos no sirven originariamente
para el saber puro, sino sólo para la propia conservación.

(Ontología, III-26.)

1207 IDEAS:

Las ideas son poderes del espíritu, es decir, pertenecen
al reino del pensamiento, el cual tiene su propia
disciplina y crítica: la filosofía.

(La nueva ontología, I.)

1208 IDEAS:

Tanto la vida del individuo como la de la comunidad,
están configuradas, no sólo según sus necesidades y
vicisitudes, sino, también, en toda época, conforme a la
fuerza de las ideas conductoras.

(Ib.)

ERNST CASSIRER (1874-1945)

Su orientación filosófica era de la escuela de Marburgo,
aunque la amplitud de su horizonte filosófico era mucho mayor.

1209 LIMITE:

Sobrepasar los límites de la vida orgánica no representa
una mejora en la naturaleza humana, sino un deterioro.

(Antropología filosófica, II, El símbolo.)

1210 URDIMBRE:

El lenguaje, el mito, el arte y la religión . . . forman los
diversos hilos que tejen la red simbólica, la urdimbre
complicada de la experiencia humana.

(Ib.)

1211 LENGUAJE:

El lenguaje ha sido identificado, a menudo, con la
razón. . . o con la verdadera fuente de la razón. Pero
se echa de ver que esta definición no alcanza a cubrir
todo el campo.

(Ib.)

1212 LENGUAJE:

Junto al lenguaje conceptual tenemos un lenguaje emocional.

(Ib.)

1213 LENGUAJE:

Junto al lenguaje lógico o científico tenemos el lenguaje de la imaginación poética.

(Ib.)

1214 LENGUAJE:

Primariamente, el lenguaje no expresa pensamientos o ideas, sino sentimientos y emociones.

(Ib.)

1215 RAZON:

La razón es un término verdaderamente inadecuado para abarcar las formas de vida cultural humana en toda su riqueza y diversidad.

(Ib.)

1216 HOMBRE:

Todas las formas de cultura humana son formas simbólicas. Por lo tanto, en lugar de definir al hombre como un animal racional, lo definiremos como un "animal simbólico".

(Ib.)

1217 SIMBOLOS:

El hombre se ha envuelto en formas lingüísticas, en imágenes artísticas, en símbolos míticos o en ritos religiosos, en tal forma que no puede ver o conocer nada sino a través de la interposición de este medio artificial.

(Ib.)

1218 AMBIENTE:

El hombre vive, más bien, en medio de emociones, esperanzas y temores, ilusiones y desilusiones imaginarias, en medio de sus fantasías y de sus sueños.

(Ib.)

1219 PENSAMIENTO:

El pensamiento humano es, por su verdadera naturaleza, conocimiento simbólico.

(Ib., V.)

1220 SIMBOLO:

Un símbolo no posee existencia real como parte del mundo físico; posee un sentido.

(Ib.)

1221 MATEMATICA:

La matemática no es una teoría de las cosas, sino una teoría de los símbolos.

(Ib.)

1222 SIMBOLOS:

En lugar de decir que el entendimiento humano tiene necesidad de imágenes, habremos de decir, más bien, que tiene necesidad de símbolos.

(Ib.)

OSWALD SPENGLER (1880-1936)

Debe su celebridad a su teoría de la historia, concebida como una serie de acontecimientos sometidos a la ley biológica del desarrollo.

1223 HISTORIA:

¡El universo como historia, comprendida, intuida, elaborado en oposición al universo como naturaleza! Es este un nuevo aspecto de la existencia humana.

(*La decadencia de occidente,* Introducción, 3.)

1224 LENGUA:

La filosofía, como dice Galileo, está escrita "en lengua matemática".
Aún estamos esperando al filósofo que conteste a estas preguntas: ¿En qué lengua está escrita la historia? ¿Cómo leerla?

(Ib.)

1225 HISTORIA:
Si nos preguntamos cuál es el sentido de toda historia,
habrá que resolver previamente una cuestión que, hasta
ahora, no ha sido planteada: ¿Para quién hay historia?
(Ib., 4.)

1226 HISTORIA:
La historia universal es nuestra "imagen del mundo";
no la imagen de la "humanidad".
(Ib., 5.)

1227 CIVILIZACION:
Cada cultura tiene su civilización propia.
(Ib., 12.)

1228 FILOSOFIA:
Toda auténtica reflexión histórica es auténtica
filosofía.
(Ib., 15.)

EMILE BOUTROUX (1845-1921)

Profesor de la Sorbona, siguió la tendencia antipositivista
y antimecanicista e influyó de manera decisiva en la filosofía
de Bergson.

1229 TAUTOLOGIA:
La única proposición enteramente necesaria, desde el
punto de vista analítico, es la que tiene por fórmula
"A = A".
(*Ciencia y religión.*)

1230 DEMOSTRACION:
Esta proposición es meramente formal. Cuando se intenta
demostrarla y traducirla, no sólo al mundo concreto, sino
también al de los conceptos, el análisis puro y simple
no basta ya para explicarla.
(Ib.)

1231 CONTINGENCIA:

La necesidad es una representación infantil del universo,
mientras que la contingencia aparece cada vez más
claramente como la ley fundamental de las cosas.

(*De la contingencia en las leyes de la naturaleza.*)

1232 CONTINGENCIA:

Fe, representación de un ideal y entusiasmo son las tres
condiciones de la acción humana.

(Ib.)

1233 VOLUNTAD:

Para mover la voluntad humana no bastan las ideas, por
muy evidentes que sean.

(*Psicología del misticismo.*)

1234 FILOSOFIA:

La filosofía es obra personal. . . Cada hombre construye
su sistema, que no es sino la medida en que sabe tomar
conciencia de su cultura y de sus disposiciones
intelectuales y morales.

(*Ciencia y religión.*)

LEON CHESTOV

1235 FE:

Renunciar al pensamiento para adquirir la fe. Entonces
lo ridículo y lo insensato dejarían de serlo; y la pasión
infinita por lo finito tendría su justificación.

(*Kierkegaard y la filosofía existencial,* XI.)

1236 PECADO ORIGINAL:

Todos los que se han ocupado de la narración bíblica
han estado dispuestos a encontrar en ella cualquier cosa,
excepto, precisamente, lo que ella nos dice.

(Ib., XVIII.)

1237 CONCUPISCENCIA:

Se ha querido explicar la caída como una desobediencia a la voluntad divina: como la concupiscencia de la carne.

(Ib.)

1238 CAIDA:

Pero nadie ha querido admitir que la raíz del pecado, es decir, el pecado original, consistiera en el conocimiento, y que la facultad de discernir entre el bien y el mal fuera una caída.

(Ib.)

LUDWIG WITTGENSTEIN (1889-1951)

1239 PRUDENCIA:

Todo aquello que puede ser dicho debe decirse con claridad y de lo que no se puede hablar mejor es callarse.

(*Tractatus logico-philosophicus,* Prólogo.)

1240 POSIBLE:

Lo que es pensable es, también, posible.

(Ib.)

1241 FILOSOFIA:

La filosofía no es una teoría, sino una actividad.

(Ib.)

JACQUES MARITAIN (1882-1973)

Bergsoniano convertido al catolicismo, es uno de los representantes del neotomismo.

1242 CIVILIZACION:

La tragedia de la civilización moderna no proviene de haber cultivado y amado la ciencia en alto grado; proviene de que esta civilización ha amado la ciencia en contra de la sabiduría.

(*Para una filosofía de la persona humana.*)

1243 JUVENTUD:

La juventud de hoy día se pasea en su propia humanidad como en una sala de museo . . . ¡Exóticos a nosotros mismos!

(*Primacía de lo espiritual.*)

1244 OCCIDENTE:

Las maldiciones que hoy el Oriente eleva contra nosotros no son solamente efecto del odio, sino también de una decepción profunda. Escribe el padre Wieger que los varios jóvenes que fueron a estudiar a Europa y América sólo aportaron a la China los moldes de una civilización vacía, egoísta, atea; libertad absoluta, espíritu nuevo. . . El espíritu ha muerto. . .

(Ib.)

1245 GRACIA:

La gracia viene a hacer meritorios para el cielo aquellos actos cuya perfecta rectitud está suficientemente asegurada por la razón del hombre honrado.

(*Humanismo integral,* I.)

1246 FIN ULTIMO:

El hombre y la vida humana se ordenan simultáneamente a dos diversos fines absolutamente últimos: un fin último puramente natural y un fin último sobrenatural.

(Ib.)

1247 DOS SEÑORES:

Así, por una sagaz división del trabajo, que el Evangelio no había previsto, el cristiano podrá, a la vez, servir a dos señores: a Dios para el cielo y a Mammón para la tierra.

(Ib.)

1248 TEOCENTRISMO:

Reconocer que Dios es el centro del hombre implica la concepción cristiana del hombre pecador y redimido.

(Ib., IV.)

1249 ANTROPOCENTRISMO:

Creer que el hombre mismo es el centro del hombre y, por ello, de todas las cosas, implica una concepción naturalista del hombre y de la libertad.

(Ib.)

1250 DESCENSO:

Tan bajo ha descendido el centro de gravedad del ser humano, que ya no hay, propiamente hablando, personalidad para nosotros, sino tan sólo el movimiento fatal de las larvas polimorfas del instinto y del deseo.

(Ib., V.)

1251 ATEISMO:

Dios muere para el hombre materializado, que piensa no poder ser hombre o superhombre, más que si Dios no es Dios.

(Ib.)

1252 DIOS:

¿Cómo podría Dios vivir en el mundo en que su imagen, es decir, la personalidad libre y espiritual del hombre está a punto de ser borrada?

(*Humanismo integral,* V.)

1253 MUNDO:

El mundo es campo cerrado que pertenece a Dios por derecho de creación; al Diablo por derecho de conquista, a causa del pecado; a Cristo por derecho de victoria sobre el primer conquistador, a causa de la Pasión.

(Ib., II-2.)

KARL JASPERS (1883-1969)

Desde la psiquiatría se ha proyectado a la filosofía, a la que ha consagrado su mayor esfuerzo. Se ha inclinado al existencialismo.

1254 FILOSOFIA:

La filosofía se califica y caracteriza por la manera como recibe y toma su propia historia.

(*Sobre la filosofía,* III.)

1255 IDEAS MUERTAS:

Ideas que originariamente fueron realidades, corren por la historia como restos de doctrinas y saberes . . . Lo que una vez fue vida se convierte en un montón de cáscaras vacías de conceptos.

(Ib.)

1256 FILOSOFAR:

No hay posibilidad de trasmitir por la doctrina de una institución la libertad que puede alcanzarse al filosofar.

(Ib.)

1257 FILOSOFO:

El hombre es tan filósofo como individuo.

(Ib.)

1258 FILOSOFAR:

Filosofar es un buscar el camino para llegar a ser "sí mismo".

(Ib.)

1259 MEDITACION:

La meditación filosófica es un acto ejecutivo en el cual yo llego al Ser y a mí mismo.

(Ib., III.)

1260 HOMBRE:

En el mundo el "hombre" es la única realidad que me es asequible. . . El hombre es el lugar en el cual y por virtud del cual es real todo aquello que existe en general para nosotros.

(Ib.)

1261 VERDAD:

Verdad es infinitamente más que exactitud científica.

(Ib.)

1262 COMUNICACION:

La comunicación es el camino a la verdad en todas sus formas. La inteligencia se aclara únicamente en la discusión.

(Ib.)

1263 TRASCENDENCIA:
El hombre no puede ser concebido desde sí mismo. . .
La filosofía comete el error de querer realizar lo que
sólo puede realizar la religión.

(Ib.)

1264 RELIGION:
La religión procura en el culto la presencia corporal
o bien, la experiencia de la trascendencia. La religión
funda al hombre sobre la revelación divina.

(Ib.)

1265 FILOSOFIA:
Si la filosofía es un rondar en torno a la trascendencia,
entonces tiene que relacionarse con la religión.

(Ib.)

1266 RELIGION:
Si la vida de la humanidad no fuera religión,
no habría, tampoco, ninguna filosofía.

(Ib.)

1267 EXISTENCIA:
La existencia empírica como ser, vive y muere.
La existencia empírica es absolutamente temporal. . .
Mi existencia empírica es finita.
(*Filosofía,* II, Aclaración de la existencia, 1.)

1268 ORACION:
La oración es la impertinencia e intromisión de irrumpir
en el retiro de Dios, a la que el hombre puede atreverse
en la suma soledad y grande apuro.

(Ib., III, Metafísica 3.)

1269 FILOSOFAR:
El pensar filosófico tiene que ser original en todo
momento. Tiene que llevarlo a cabo cada uno por sí
mismo.
(*La filosofía desde el punto de vista de la existencia.*)

SIGMUND FREUD (1856-1939)

Famoso doctor vienés, fundador del psicoanálisis, un método
para investigar las causas de las neurosis.

1270 PSICOANALISIS:

Un método para la investigación de procesos anímicos
inaccesibles de otro modo.
Un método terapéutico de perturbaciones neuróticas.
(*El psicoanálisis.*)

1271 TERAPIA:

El descubrimiento del sentido desconocido coincide
con la supresión de los síntomas (de la histeria),
confundiéndose así, en este sector, la investigación
científica con la terapia.

(Ib., 3.)

1272 CATARSIS:

Los histéricos sufrían de reminiscencias. La terapia era,
entonces, llevada a cabo en el tratamiento por medio de
la apertura del camino conducente a la conciencia y a la
descarga normal del afecto.

(Ib.)

1273 PATOGENO:

Una representación se hace patógena cuando su contenido
repugna a las tendencias dominantes de la vida anímica,
provocando así la defensa del individuo.

(Ib., 4.)

1274 ASOCIACION LIBRE:

Iniciamos el tratamiento invitando al paciente a ponerse
en la situación de una autoobservación atenta y desapa-
sionada, limitándose a leer la superficie de su conciencia y
obligándose, en primer lugar, a una absoluta sinceridad
y, en segundo, a no excluir de su comunicación asociación
alguna, aunque le sea desagradable comunicarla.

(Ib., 7.)

PIERRE TEILHARD DE CHARDIN (1881-1955)

Jesuita muy aficionado a la paleontología, colaboró en el descubrimiento del *sinanthropus pekinensis.*

1275 CIENCIA, FILOSOFIA, RELIGION:

Tal como sucede con los meridianos a medida que se acercan al polo, la ciencia, la filosofía y la religión convergen necesariamente al aproximarse al todo.

(*El fenómeno humano.*)

1276 HOMBRE:

El hombre permanece flotando por encima o rechazado al margen del universo. . . El que hace la ciencia queda fuera de los objetos de la ciencia.

(*La energía humana.*)

1277 VIDA Y ENTROPIA:

¿Vida y entropía son las dos caras inversas equivalentes, de una misma realidad fundamental en eterno balance?

(Ib.)

1278 VIDA:

La vida no sería vivible si no tuviera conciencia de ser, al menos parcialmente, irreversible.

(Ib.)

1279 AMOR:

El amor es la más universal, la más formidable y la más misteriosa de las energías cósmicas.

(Ib.)

1280 AMOR:

Socialmente se simula ignorarlo en la ciencia, en los negocios, en las asambleas, mientras que subrepticiamente, está en todas partes, inmerso, omnipresente y siempre insumiso.

(Ib.)

1281 AMOR:

El amor "hominizado" se distingue de cualquier otro amor. . .

Antenas infinitamente numerosas y sutiles que se buscan entre los más delicados matices del alma. . .

(Ib.)

1282 DIOS:

En cierto modo Dios se halla en la punta de mi pluma, de mi pincel, de mi aguja, de mi corazón y de mi pensamiento.

(*El medio divino.*)

JOSE ORTEGA Y GASSET (1883-1955)

El más importante de los filósofos españoles y figura destacada de nuestro tiempo, dio fuerte impulso al florecimiento filosófico de España.

1283 PLENITUD:

Hay dentro de toda cosa la indicación
de una posible plenitud.

(*Meditaciones del Quijote.*)

1284 AMOR:

Hay en el amor una ampliación de la individualidad que absorbe otras cosas dentro de ésta, que las funde con nosotros.

(Ib.)

1285 LO MENOS:

¿Quién que sea leal consigo mismo estará seguro de
hacer lo más sin haber pasado por lo menos?

(Ib.)

1286 DESCONFIANZA:

Yo desconfío del amor de un hombre a su amigo o a su bandera cuando no lo veo esforzarse en comprender al enemigo o a la bandera hostil.

(Ib.)

1287 RENCOR:

El rencor es una emanación de la conciencia de inferioridad.

(Ib.)

1288 CULTURA:

La cultura adquirida sólo tiene valor como instrumento y arma de nuevas conquistas.

(Ib.)

1289 PERSPECTIVA:

¿Cuándo nos abriremos a la convicción de que el ser definitivo del mundo no es materia ni es alma, ni cosa alguna determinada, sino una perspectiva?

(Ib.)

1290 PEQUEÑO:

Para quien lo pequeño es nada, no es grande lo grande.

(Ib.)

1291 HEROES:

Todos, en alguna medida, somos héroes y todos suscitamos en torno nuestro humildes amores.

(Ib.)

1292 CIRCUNSTANCIA:

Yo soy yo y mi circunstancia, y si no la salvo a ella no me salvo yo. . . Salvar las circunstancias, las apariencias, los fenómenos. Es decir: buscar el sentido de lo que nos rodea *(circum-stat)*.

(Ib.)

1293 DIVINIDAD:

No hay cosa en el orbe por donde no pase un nervio divino; la dificultad está en llegar hasta él y hacer que se contraiga.

(Ib.)

1294 MIRAR:

Hay sobre el pasivo ver un ver activo, que interpreta viendo y ve interpretando; un ver que es mirar.

(Ib., 4, Trasmundos.)

1295 FINES:

Postulemos ahora, frente a una cultura de medios,
una cultura de postrimerías.

(*El espectador.*)

1296 INSUSTITUIBLES:

Cada hombre tiene una misión de verdad. Donde está mi pupila no está otra; lo que de la realidad ve mi pupila no lo ve la otra. Somos insustituibles, somos necesarios.

(*El espectador.*)

1297 CONFIANZA:

Si no tenemos confianza en nosotros, todo está perdido. Si tenemos demasiada, no encontraremos cosa de provecho. Confiar, pues, sin fiarse. . . Yo no sé si es posible, pero veo que es necesario.

(Ib.)

1298 ESTAR HACIENDO:

La nota más trivial, pero, a la vez, la más importante de la vida humana, es que el hombre no tiene otro remedio que estar haciendo algo para sostenerse en la existencia.

(*La historia como sistema.*)

1299 HACER:

La vida que nos es dada no nos es dada ya hecha, sino que necesitamos hacérnosla nosotros, cada cual la suya.

(Ib.)

1300 CIENCIA:

El prodigio de la ciencia natural representa, como conocimiento de cosas, un contraste brutal con el fracaso de esta ciencia ante lo propiamente humano.

(Ib., V.)

1301 LO HUMANO:

Lo humano escapa a la razón físico-matemática como escapa el agua por una canastilla.

(Ib.)

1302 VIDA:

La vida humana, por lo visto, no es una cosa, no tiene naturaleza y, en consecuencia, es preciso resolverse a pensarla con categorías, con conceptos radicalmente distintos de los que nos aclaran los fenómenos de la materia.

(Ib.)

1303 ALOGICO:

Renunciemos alegremente, valerosamente, a la comodidad de presumir que lo real es lógico y reconozcamos que lo único lógico es el pensamiento.

(Ib., VI.)

1304 DIFICULTADES:

El hombre no encuentra cosas, sino que las pone o supone. Lo que encuentra son puras dificultades y puras facilidades para existir.

(Ib.)

1305 INDIGENCIA:

Frente al ser suficiente de la sustancia o cosa, la vida es el ser indigente, el ente que lo único que tiene es, precisamente, menesteres.

(Ib.)

1306 VIVIR:

El hombre no es, sino que "va siendo" esto y lo otro. Pero el concepto: "ir siendo" es absurdo: propone algo lógico y resulta, al cabo, perfectamente irracional.

(Ib., VIII.)

1307 VIVIR:

Ese "ir siendo" es lo que, sin absurdo, llamamos vivir. No digamos, pues, que el hombre es, sino que vive.

(Ib.)

1308 PRIVILEGIO:

No hay que lagrimear demasiado sobre las mudanzas de todo lo humano. Es, precisamente, nuestro privilegio ontológico.

(Ib.)

1309 PROGRESO:

Sólo progresa quien no está vinculado a lo que ayer era.

(Ib.)

1310 VIDA:

La vida es un gerundio y no un participio;
un *faciendum* y no un *factum*.

(Ib.)

1311 PLASTICIDAD:

El hombre es una entidad infinitamente plástica, de la que se puede hacer lo que se quiera. Precisamente porque ella no es, de suyo, nada.

(Ib.)

1312 HISTORIA:

En suma, el hombre no tiene naturaleza, sino que tiene historia.

(Ib.)

1313 HISTORIA:

La historia es la ciencia sistemática de la realidad radical, que es la vida.

(Ib., VII.)

1314 PASADO:

El pasado es la fuerza viva y actuante que sostiene nuestro "hoy". No hay *actio in distans*. El pasado no está allá, en su fecha, sino aquí, en sí.

(Ib.)

1315 YO:

El pasado soy yo; mi vida. . .

(Ib.)

CHARLIE DUMBAR BROAD (1887-   )

1316 CONCEPTOS COMUNES:

Tanto en la vida corriente como en las ciencias, hacemos constante uso de conceptos muy generales, tales como: número, cosa, cualidad, etcétera. Pero no puede decirse que tengamos ideas claras de ellos. . .
Por lo tanto, existen la necesidad y el vacío de una ciencia que trate de analizar y definir tales conceptos.

(*Filosofía crítica y filosofía especulativa*, 1.)

1317 FILOSOFIA:

Todas las ciencias especiales usan dichos conceptos, pero ninguna trata de explicarlos. Considero a la filosofía crítica como la ciencia que hace de esto su tarea fundamental.

(Ib.)

1318 INDUCCION:

Los argumentos inductivos sólo pueden ser válidos si se plantean sus conclusiones en términos de probabilidad.

(Ib., 7.)

1319 DOCTA IGNORANCIA:

Todos sabemos las tonterías que filósofos eminentes han dicho a propósito de cuestiones científicas; solamente igualadas por las que eminentes científicos dicen continuamente sobre cuestiones filosóficas.

(Ib., 10.)

1320 MUNDO:

El extraordinario éxito de la física y la química dentro de su propia esfera tienta a los hombres a creer que el mundo es, simplemente, un sistema físico-químico.

(Ib., 14.)

1321 FILOSOFO:

El filósofo especulativo se ve forzado a mirar al mundo sinópticamente, y quien no haga esto alguna vez en su vida tendrá una idea muy estrecha e inadecuada de la realidad.

(Ib.)

GABRIEL MARCEL (1889-1973)

Filósofo y dramaturgo convertido al catolicismo en 1929, ha intentado sistematizar su pensamiento en torno a una "filosofía de la existencia".

1322 VIVENCIA:

Aquel que no haya vivido un problema filosófico, que no se haya visto oprimido por él, sencillamente no puede entender, de ninguna manera, lo que ha significado ese problema para los que lo han vivido.

(*Esbozo de una filosofía concreta.*)

1323 ASOMBRO:

El que filosofa *hic et nunc* es, podría decirse, víctima de lo real. . . La existencia no es separable de un cierto asombro.

(Ib.)

1324 CURIOSIDAD:

Por aquí (el filósofo) está próximo al niño. Todos conocemos niños que a los seis años han planteado las cuestiones más metafísicas; pero este asombro de ordinario se disipa, esta sorpresa se amortigua.

(Ib.)

1325 OBSCURIDAD:

La obscuridad del mundo exterior es función de la obscuridad mía para mí mismo; no hay ninguna obscuridad intrínseca del mundo.

(Ib.)

1326 CONSTANTES:

El espíritu del paisaje *(genius loci)* es la fuerza constante de la historia.

(Ib.)

1327 VARIANTES:

El espíritu del paisaje es la causa de las diferencias en el espacio.
El espíritu de la época es la causa de las diferencias en el tiempo.

(Ib.)

1328 AFIRMACION:

Nunca y en ningún caso la afirmación puede aparecer como generadora de la realidad de lo que afirma.

(Ib.)

1329 MISTERIO:

El mismo acto de pensar es un misterio, ya que lo propio del pensamiento es aprehender toda representación objetiva, toda figuración, toda simbolización como inadecuada.

(Ib.)

1330 ETERNIDAD:

Debemos vivir y trabajar, en cada instante, como si tuviésemos la eternidad ante nosotros.

(Ib.)

1331 SACRIFICIO:

El que da la vida por una causa, con conciencia de darlo todo, incluso si se dirige a una muerte cierta, hace el gran sacrificio y no un suicidio.

(Ib.)

1332 HEROISMO:

Hay, metafísicamente hablando, un abismo entre el hecho de sacrificar su vida y el hecho de matarse.

(Ib.)

1333 ESPERANZA:

No hay, no puede haber sacrificio sin esperanza; y la esperanza está suspendida en lo ontológico.

(Ib.)

1334 SUICIDIO:

El suicidio está hecho. . . a base de negación. . .
Es una dimisión.

(Ib.)

1335 IMAN:

A mis ojos, una filosofía concreta no puede no estar "imantada", quizá sin saberlo, por los datos cristianos.

(Ib.)

MARTIN HEIDEGGER (1889-   )

Fenomenólogo existencialista, discípulo de Husserl, es el filósofo alemán más destacado en la actualidad. Sin embargo, la obscuridad de su pensamiento aumenta a causa de su terminología, un tanto rara.

1336 NADA:

La nada no es una aniquilación del ente: es un anonadamiento.

(*¿Qué es la metafísica?*)

1337 NADA:

La nada es la negación de la omnitud del ente; es, sencillamente, el no-ente.

(Ib.)

1338 ANGUSTIA:

La angustia hace patente la nada. . .
La angustia nos deja suspensos porque hace que se nos
escape el ente en total.

(Ib.)

1339 EXISTIR:

Existir (ex-sistir) significa estar sosteniéndose
dentro de la nada.

(Ib.)

1340 NEGACION:

La nada es el origen de la negación y no al revés.

(Ib.)

1341 CONTINGENCIA:

Ese estar sosteniéndose la existencia dentro de la
nada, apoyada en la recóndita angustia, hace que el
hombre ocupe el sitio de la nada.

(Ib.)

1342 FINITUD:

Tan finitos somos que no podemos, por propia decisión y
voluntad, colocarnos originariamente ante la nada.
Tan insondablemente ahonda la finitud en la existencia,
que la profunda y genuina finitud escapa a nuestra libertad.

(Ib.)

1343 CADUCIDAD:

La existencia humana no puede habérselas con el
ente si no es sosteniéndose dentro de la nada.

(Ib.)

1344 TRASCENDENCIA:

El ir más allá del ente es algo que acaece en la esencia
misma de la existencia. Este trascender es, precisamente,
la metafísica.

(Ib.)

1345 METAFISICA:

Lo que hace que la metafísica pertenezca a la naturaleza del hombre.
No es una disciplina filosófica especial ni un campo de divagaciones: es el acontecimiento radical en la existencia misma y como tal existencia.

(Ib.)

1346 FILOSOFIA:

De aquí que no haya rigor de ciencia alguna, comparable a la seriedad de la metafísica.
La filosofía jamás podrá ser medida con el patrón proporcionado por la idea de la ciencia.

(Ib.)

1347 FILOSOFIA:

La filosofía —eso que nosotros llamamos filosofía— es tan sólo la puesta en marcha de la metafísica.

(Ib.)

JUAN ZARAGÜETA (1883-1974)

Escolástico formado en Lovaina, ha estado abierto a las distintas corrientes del pensamiento moderno.

1348 FILOSOFIA:

Si de toda ciencia cabe decir que siempre "se está haciendo", con mayor razón debe decirse del tema eterno de la filosofía.

(Perspectiva actual para una filosofía crítica.)

1349 VIDA:

Mi vida es un conjunto de pretensiones de mí mismo.

(Ib., 1.)

1350 INTUICION:

El enfrentamiento del sujeto viviente con sus objetos se hace en presencia de ellos, por una comunicación directa e inmediata.

(Ib.)

1351 SIGNIFICACION:

La intención comunicativa tiene como base un sustituto de la auténtica realidad objetiva a la cual dicha intención hace referencia.

(Ib.)

1352 COMUNICACION:

Todo hecho social tiene algo de palabra, como toda palabra tiene algo de hecho.

(Ib., 2.)

1353 PALABRA:

Todo hecho humano exterior es síntoma de una vitalidad interna y mental y. . . por lo tanto, un fenómeno de palabra.

(Ib.)

1354 VIDA:

La vida se nos brinda, no como un objetivo ya logrado, sino como un inagotable semillero de problemas, de cuyo término pende nuestra felicidad o nuestra desgracia.

(Ib., 4.)

1355 VIDA:

Nuestra vida es una incesante alternativa, más que de bienes y de males, de beneficios y de sacrificios logrados al filo de la verificación de los objetos.

(Ib.)

1356 VIVENCIAS:

Valen nuestras vivencias cognoscitivas en la medida en que son verdaderas.

(Ib., 5.)

1357 VIVENCIAS:

Valen nuestras vivencias afectivas y volitivas en la medida en que, respondiendo a las legítimas exigencias de nuestra subjetividad, merecen el calificativo de "buenas".

(Ib.)

1358 NORMAS:

Valen, finalmente, las normas de nuestra convivencia social en la medida en que son justas.

(Ib.)

1359 EXIGENCIA VITAL:

En innumerables casos de la conducta humana, ésta es dominada en sus decisiones, más que por motivos racionales, por las tiránicas exigencias del impresionismo vital.

(Ib.)

1360 DISYUNTIVA:

Vitalidad y racionalidad parecen, en todo momento, contraponerse y constituir una bifurcación rectilineal, una disyuntiva ante la cual, por ventura, se plantea un problema de opción.

(Ib.)

1361 RACIONALIZACION:

Frente a la vida, tal como ha sido diseñada, a la filosofía incumbe una sola tarea, pero de capital importancia: la racionalización de la vida.

(Ib., 6.)

1362 VIDA:

Cada hombre es capaz de explicar y patentizar el dinamismo de su propia vida, primero conociéndola, por fuerza, extrospectivamente, y luego "re-sintiéndola" por dentro, por vía de intuitiva introspección.

(Ib.)

1363 FILOSOFIA:

En el seno mismo de la vida germina la filosofía. Por ende, aparece como una función vital más; pero llamada a orientar la vida hacia el norte luminoso de la "racionalidad".

(Ib.)

MANUEL GARCIA MORENTE (1886-1942)

Simpatizador de Bergson y gran colaborador de Ortega, casi al final de su vida se ordenó sacerdote.

1364 LOCUAZ:

El que más dice no siempre es el que más quiere.

(Ensayo sobre la vida privada.)

1365 VIDA MODERNA:

Nuestro vivir de hoy es un vivir extravertido, lanzado fuera de sí mismo. Los modos de nuestra vida presente prefieren lo público a lo privado.

(Ib.)

1366 ANEMIA ESPIRITUAL:

Así como la viga no empieza a crujir sino hasta que empieza a ceder, así también los tumultos de una vida pública excesiva y predominante son los síntomas no de mayor, sino de menor intensidad y fuerza vital.

(Ib.)

1367 VIDA PUBLICA:

En la relación pública no son dos vidas humanas reales las que entran en presencia y en contacto, sino dos ejemplares cualesquiera de esas especies "sociales" que son el ciudadano, el funcionario, el profesional, etcétera.

(Ib.)

1368 ALMA:

Las almas son, en absoluto, impenetrables.
Así como dos cuerpos físicos no pueden ocupar un mismo lugar, así tampoco dos vidas, por mucho y muy sinceramente que se esfuercen en ello, pueden eliminar ese último residuo de dualidad que irremediablemente separa al "yo" del "tú".

(Ib.)

1369 FAMA:

La fama exalta al hombre famoso que se siente más que
los demás hombres.

(Ib.)

1370 FAMA:

La fama deprime al hombre famoso por cuanto que le
arrebata su vida: le priva de la propiedad privada de su
vida y lo convierte en puro objeto para los demás.

(Ib.)

1371 SUJETO:

La cosa es objeto y únicamente objeto, mientras que la
persona no es nunca sólo objeto, pues en el fondo de ella
queda siempre un resto irreductible a la objetividad pura.

(Ib.)

1372 PERSONA:

No puede haber, en realidad, conocimiento de las personas,
puesto que las personas son pura subjetividad.

(Ib., ¿Qué es conocerse?)

1373 PERSONALIDAD:

El hombre que sabe escuchar en su alma la voz veraz de su
ilusión viviente; el que no consiente en dejarse
sobornar por el halago de las comodidades perezosas; el
que prefiere atender a una vocación histórica imperiosa,
ese hombre es, precisamente, el que posee una personalidad
auténtica en el pleno sentido de la palabra.

(Ib.)

1374 AMISTAD:

La amistad se orienta hacia el "tú" y consiste más en un
hacer que en un sentir.

(Ib., Formas de vida.)

1375 AMIGOS:

En la amistad cada uno de los dos amigos es, a la vez,
sujeto y objeto; cada uno vive para el otro.

(Ib.)

1376 CONFIANZA:

La confianza no consiste simplemente en esperar con fe
el auxilio del otro, sino en saber, a ciencia cierta,
que el otro espera y necesita nuestro auxilio.

(Ib.)

1377 AMOR:

Hay en el amor un componente esencial de egoísmo; pero
un egoísmo muy raro; un egoísmo, por decirlo así, de
dos en uno.

(Ib.)

1378 AMOR:

El amor organiza al alma; distribuye sus partes, diversifica
la vida interior y, al mismo tiempo, la unifica, puesto que
jerarquiza sus actividades.

(Ib.)

1379 AMOR:

Por otra parte el amor, al encumbrar el sentimiento de la
propia existencia, enriquece también el mundo exterior
de nuestra vida. Para el enamorado el mundo adquiere
una abundancia y variedad insospechadas.

(Ib.)

1380 AMOR:

El amor es, más bien, una confluencia de dos vidas que se
unen con el afán de fundirse, confundirse en una sola.

(Ib.)

1381 AMOR Y AMISTAD:

Los amigos se escancian el vino uno a otro, y cada cual
lo bebe en su copa.
Los amantes, empero, sacian su sed los dos en el mismo
vaso.

(Ib.)

1382 AMOR:

El amor pretende un imposible y lleva en su seno un
germen inextinguible de dolor y de tragedia.

(Ib.)

1383 ANGUSTIA:

En todo amor existe un fondo de inquietud, de duda, de angustia. Aun en los momentos de más profunda satisfacción y paz, siempre el alma del enamorado está como alerta, espiando con ansiedad los instantes, oscilando entre la certidumbre y la duda. . .

(Ib.)

1384 SOLEDAD:

La soledad es la forma más perfecta de la vida privada.

(Ib.)

1385 SOLEDAD FECUNDA:

Es la que nosotros mismos buscamos y procuramos precisamente para escuchar nuestro propio corazón, para conocernos a nosotros mismos, para descubrir nuestro auténtico ser, el ser que, al vivir, nos proponemos realizar.

(Ib.)

1386 CONFESION:

Esta confrontación entre la vida vivida y la vida proyectada nos pone en presencia absoluta de nuestra persona auténtica. El ejercicio propio de la soledad es, pues, la confesión.

(Ib.)

1387 SALVACION:

El fin de la soledad es, propiamente, la salvación. . .
Salvarse de algún peligro, salvarse de algo. . .
El hombre se salva de ser naturaleza, de ser cosa, haciéndose persona.

(Ib., Formas de vida.)

WALTER SCHUBART

1388 HOMBRE ARMONICO:

El "hombre armónico" es el que ve el cosmos; hombre de reposo estático (Homero, Confucio, los cristianos del gótico).

(*Europa y el alma de oriente.*)

1389 HOMBRE HEROICO:

El "hombre heroico" es el que quiere modelar el caos;
hombre dinámico (La Roma antigua, los germanos).

(Ib.)

1390 HOMBRE ASCETICO:

El "hombre ascético" es el que huye del mundo extraviado
para refugiarse en el fondo místico de las cosas (los
hindúes, los griegos neoplatónicos, etcétera).

(Ib.)

1391 HOMBRE MESIANICO:

El "hombre mesiánico" es el que quiere realizar en torno
suyo la armonía que siente en su interior (los primitivos
cristianos, los esclavos, etcétera).

(Ib.)

1392 HISTORIA:

El poder constante del suelo *(genius loci)* y el poder
de los arquetipos eónicos (armónico, heroico, ascético
y mesiánico) son los factores que determinan la historia
de la humanidad.

(Ib., Doctrina de los eones.)

MICHAELE FRIDERICO SCIÁCCA

1393 METAFISICA:

Sin una base metafísica no hay cultura.

(Dios y Religión.)

1394 DIOS:

Las raíces del hombre están en el espíritu; y las raíces
del espíritu están en Dios.

(Ib.)

1395 DIOS:

O Dios no existe, o Dios existe.

O contra Dios, o con Dios, de rodillas, para levantarnos como señores ante las cosas del mundo.

(Ib.)

XAVIER ZUBIRI (1898-1983)

Gran humanista formado en las principales universidades de Europa, fue maestro en la Facultad de Filosofía y Letras de Madrid.

1396 EXISTENCIA:

La existencia humana consiste en encontrarse entre las cosas y hacerse a sí mismo.

(*En torno al problema de Dios*, II.)

1397 MISMIDAD:

En su hacerse la existencia humana adquiere su "mismidad" y su ser, es decir, en éste su hacerse es ella lo que es y como es.

(Ib.)

1398 NIHILIDAD:

La constitutiva indigencia del hombre, ese su no ser nada sin, con y por las cosas, es consecuencia de este estar arrojado, de esta su nihilidad ontológica radical.

(Ib.)

1399 EXISTENCIA:

El hombre se encuentra, de algún modo, implantado en la existencia. . . El hombre se encuentra implantado en el ser.

(Ib.)

1400 EXISTIR:

Existencia significa tanto el modo como el hombre "ex-siste", *sistit extra causas* (está fuera de las causas) que aquí son las cosas.

(Ib.)

1401 VIDA:

Existir es trascender y, en consecuencia, vivir...
Entonces habría que decir que el hombre no es vida, sino
que vive para ser.

(Ib.)

1402 TRASCENDENCIA:

Pero él, su ser, está, en algún modo, allende su
existencia en el sentido de vida.

(Ib.)

1403 PERSONA:

El hombre existe ya como persona, en el sentido de ser
un ente cuya entidad consiste en "tener que realizarse"
como persona, tener que elaborar su personalidad en la
vida.

(Ib.)

1404 MISION:

El hombre se encuentra enviado a la existencia, o mejor,
la existencia le está enviada. La vida tiene, evidentemente,
una misión y un destino.
No es que la vida tenga misión, sino que es misión.

(Ib.)

1405 ATADURA:

El hombre recibe la existencia como algo "impuesto" a él.
El hombre está atado a la vida.

(Ib.)

1406 CONTINGENCIA:

Atados a la vida; no es, sin embargo, la vida la que nos
ata. Siendo lo más nuestro, pues nos hace "ser", es en
cierto modo, lo más otro, pues nos "hace" ser.

(Ib.)

1407 LIGADURA:

Estamos obligados a existir porque previamente estamos
religados a lo que nos hace existir.

(Ib.)

1408 LIGADURA:

Lo que religa la existencia, religa con ella el mundo entero. La religión no es algo que afecte exclusivamente al hombre.

(Ib.)

1409 RELIGION:

En el hombre se actualiza formalmente la religión.

(Ib.)

1410 RELIGION:

El hombre no tiene religión, sino que consiste en religación o religión.

(Ib.)

1411 DIOS:

Al estar religado el hombre, no está con Dios; está, más bien, en Dios. Tampoco va hacia Dios, sino que está viniendo desde Dios.

(Ib.)

1412 DIOS:

Dios está patente en el ser mismo del hombre.
El hombre no necesita llegar a Dios.
El hombre consiste en estar viniendo de Dios y, por lo tanto, siendo en El.

(Ib., III.)

1413 VISION:

La existencia religada es una visión de Dios en el mundo y del mundo en Dios.

(Ib., IV.)

1414 TEOLOGIA:

La Teología no se identifica con la religión, pero tampoco es un apéndice fortuito y eventualmente agregado a ella: toda religión envuelve constitutivamente una teología.

(Ib.)

1415 LIBERTAD:

La existencia humana misma es libertad; existir es liberarse
de las cosas, y gracias a esta liberación podemos estar
vueltos a ellas y entenderlas o modificarlas.
Libertad significa, entonces, liberación, existencia
liberada.

(Ib., V.)

1416 LIBERTAD:

En la religación el hombre no tiene libertad. La religación
es una limitación. Pero lo mismo el uso de la libertad
que la liberación emergen en la radical "constitución" de
un ente cuyo ser es libertad.

(Ib.)

1417 DIOS:

Si el hombre está constitutivamente religado, el problema
estará no en descubrir a Dios, sino en la posibilidad
de encubrirlo.

(Ib., VI.)

1418 ATEISMO:

Lo que hace posible sentirse desligado es la "suficiencia"
de la persona para hacerse a sí misma oriunda del éxito de
sus fuerzas para vivir. El éxito de la vida es el gran
creador del ateísmo.

(Ib.)

1419 SOBERBIA:

La teología cristiana ha visto siempre en la soberbia
el pecado capital entre los capitales, y la forma capital
de la soberbia es el ateísmo.

1420 SOBERBIO:

En realidad, más que negar a Dios, el soberbio afirma que
él es Dios, que se basta totalmente a sí mismo.

(Ib.)

1421 ATEO:

No se ha endiosado la vida, pero sí la persona. El ateo, en una u otra forma, hace de sí un Dios. El ateísmo no es posible sin un Dios.

(Ib.)

1422 SUBSTANCIA:

Los medievales hicieron notar que, en rigor, la suficiencia de la substancia se halla formalmente en la línea de la existencia.

(*Sobre la esencia,* Parte II,
Capítulo VIII, 3.)

1423 SUSTANTIVIDAD:

La sustantividad es una suficiencia... suficiencia en el orden constitutivo.

(Ib.)

1424 INDIVIDUALIZACION:

La realidad sustantiva no se halla compuesta de caracteres de especificación más caracteres de individuación. . . .; la individualidad no es un carácter más, sino un momento primariamente constitucional.

(Ib.)

1425 INDIVIDUACION:

La individuación es un momento que se refiere a la realidad sustantiva en sí misma.

(Ib.)

1426 ESPECIE:

Ignoramos si existe o no eso que se llama especie.

(Ib.)

1427 ESPECIACION:

No hay individuación de la especie, sino "especiación" del individuo.

(Ib.)

1428 INDIVIDUACION:

Propiamente hablando, no existe un principio físico de individuación, sino que toda sustantividad es individual no sólo en sí misma, sino por sí misma, por toda su realidad sustantiva.

(Ib.)

1429 UNIDAD:

En la perspectiva de la especie la unidad tiene, ante todo, un carácter numeral: es "un" individuo entre "muchos".

(Ib.)

1430 UNICIDAD:

De hecho el individuo estricto, en cuanto tal, es sustantivamente "uno" y, además, "único".

(Ib.)

EDUARD LE ROY

1431 PROGRESO:

El progreso es el diálogo entre las manos y el cerebro.

(*Orígenes y evolución de la inteligencia.*)

RENE LE SENNE

1432 TRASCENDENCIA:

La libertad se realiza en el "ser-para-el-valor", y no en el "ser-para-la-muerte", de Heidegger.

(. . .)

ALFRED ADLER (1870-1937)

De la escuela de Freud, pero restando lo exagerado del impulso sexual, da, en cambio, mucha importancia al afán de "hacerse valer" y a los sentimientos de "inferioridad".

1433 OBJETIVO:

Lo que primero podemos colegir de las exteriorizaciones anímicas es el movimiento hacia un objetivo. En consecuencia, la vida del alma humana está determinada por un objetivo.

(*Conocimiento del hombre,* I El alma del hombre.)

1434 INFERIORIDAD:

Desde el punto de vista de la naturaleza, es el hombre un ser inferior; pero esta inferioridad opera como para encontrar un camino para realizar la adaptación de su vida.

(Ib.)

1435 SENTIMIENTO DE INFERIORIDAD:

Es menester partir de la base de que la vida del alma comienza siempre con un "sentimiento de inferioridad". (Ib., V, Sentimiento de inferioridad y afán de superación.)

1436 FUERZA IMPULSORA:

Este sentimiento es la fuerza impulsora de la que parten todos los afanes del niño.

(Ib.)

1437 AFAN DE DOMINIO:

Este mismo sentimiento reforzado, más intenso y permanente, desarrolla un afán de dominio destinado a llevarlo (al niño) a la superioridad sobre el ambiente.

(Ib.)

1438 AFAN DE SUPERIORIDAD:

No podemos juzgar a ningún niño ni a una persona mayor si no hacemos una comparación entre su sentimiento de comunidad y su afán de dominio y superioridad sobre los demás.

(Ib.)

1439 EDUCACION:

La educación consciente, eficaz en el niño, obra por debajo de los impulsos conscientes e inconscientes en el sentido de comunidad y su afán de dominio y superioridad sobre los demás.

(Ib.)

1440 OBJETIVO:

Todos los fenómenos de la vida del alma deben entenderse como preparación para una finalidad del objetivo.

(Ib., VI, Preparación para la vida.)

1441 FORMACION:

La formación descrita de la vida del alma tiene para nosotros el sentido de una preparación para un futuro en el que parecen cumplirse los deseos del individuo.

(Ib.)

1442 FUTURO:

Todos los tiempos antiguos de la humanidad nos dan testimonio de que nunca ha desaparecido la esperanza de un futuro dichoso.

(Ib.)

1443 INCONSCIENTE:

Existen facultades en el alma que no pueden buscarse en la zona de la conciencia. El estímulo mismo de la atención no se encuentra en la conciencia, sino en el interés y éste, a su vez, en la esfera del inconsciente.

(Ib.)

1444 SUEÑO:

En el sueño se revela el problema vital de un individuo en forma "simbólica".

(Ib.)

KARL GUSTAV JUNG (1876-1961)

Encabeza la otra corriente derivada de la escuela de Freud. Distingue entre el "yo" (la persona) y el alma ("inconsciente"). En el tipo "extrovertido" predomina el "yo", mientras que "el alma" o espíritu, en el "introvertido".

1445 DEPENDENCIA:

Hay dos cosas en nosotros: naturaleza y cultura. No sólo no podemos ser nosotros mismos, sino que hemos de estar referidos a otra cosa.

(*Tipos psicológicos*, II.)

1446 LO IRRACIONAL:

No sólo hay verdades racionales, sino, además, verdades irracionales. Lo que por la vía del intelecto parece imposible ha llegado a ser verdad, con frecuencia, por la vía de lo irracional.

(Ib.)

1447 LUCHA:

La aceptación de las funciones reprimidas equivale a una guerra civil interior.

(Ib.)

1448 MISTERIO:

Las más importantes leyes de la evolución del espíritu humano son todavía para nosotros un "libro de siete sellos".

(Ib.)

1449 DINAMISMO:

Con el obstáculo se represa el río de la vida. Allí donde tiene lugar una acumulación de energía se dividen los contrastes antes fundidos en el fluir vital y se enfrentan como adversarios, ávidos de lucha.

(Ib.)

1450 INTROVERSION:

Hay una clase de hombres que, en el momento de la acción, ante una situación dada, primero se recogen un poco, como diciendo un "NO" silente, y no pueden reaccionar sino sólo después de haber hecho esto. Su actitud es introvertida.

(*Teoría psicológica de los tipos.*)

1451 EXTRAVERSION:

Hay otra clase que, ante idéntica situación, avanza con una reacción inmediata, aparentemente confiados en su conducta. Su actitud es extrovertida.

(Ib.)

1452 SELECCION:

La actividad de la concienca es "selectiva". . . La selección exige dirección . . . La dirección exige la "exclusión" de todo lo inconveniente.

(Ib.)

1453 EXTRAVERSION:

Extraversión es el verterse al exterior. Es, pues, en cierto modo, una transferencia del interés del sujeto al objeto.

(*Tipos psicológicos,* II-11.)

1454 INTUICION:

La intuición es una función psicológica trasmisora de percepciones "por la vía inconsciente".

(Ib.)

JOSE VASCONCELOS (1882-1959)

Colaborador de Antonio Caso en el Ateneo de la Juventud, posteriormente influyó de una manera decisiva en la educación en México.

1455 ABSTRACCION:

Conocemos la manera intelectual que disocia las impresiones y los fenómenos; pero mediante la fórmula aniquiladora de la abstracción.

(*La raza cósmica,* I, La energía es una.)

1456 GENERALIZACION:

Toda generalización ideológica es un instrumento provisional y ficticio, útil para las operaciones de la mente, pero desprovisto de dinamismo, de realidad y de vida.

(Ib.)

1457 SENTIDO ESTETICO:

Conocemos, por último, el "sentido estético", que es como la corriente del mundo haciéndose pequeña para penetrar nuestra conciencia.

(Ib.)

1458 BELLEZA:

La belleza es desinteresada de todo fin particular, de todo fin abstracto: es "atelesis".

(Ib.)

1459 JUVENTUD:

En himnos de ciego júbilo suele expresarse la conciencia que descubre las promesas y esperanzas de la juventud.

(*Todología,* Filosofía de la coordinación.)

1460 ASCENSO:

Brega y fracaso, pasión y ventura se suceden en la madurez que pugna por escalar las alturas y se hunde en los abismos, según "scherzos" y "adagios" dolorosos o "allegros" triunfales.

(Ib.)

1461 IMPOTENCIA:

Poco afanó quien no acaba sintiendo la impotencia del anhelo, el engaño de los mirajes que distraen nuestra atención, la necesidad de acudir a un empeño sobrenatural.

(Ib.)

1462 VIDA CABAL:

Himno, Sinfonía, Letanía: las tres etapas de una vida cabal, que es como el sucederse de: poesía, filosofía, religión, o bien: arte, ciencia, revelación. Hallar el hilo que engarza las tres grandes maneras de la Sabiduría es tarea del atardecer.

(Ib.)

1463 MOVIMIENTO:

Si no explicamos el movimiento que es vida, no explicamos lo esencial.

(Ib.)

1464 DIALECTICA:

Hoy sabemos que la dialéctica es puramente discursiva y que es vano el afán hegeliano de someter la creación al discurso.

(Ib.)

1465 ESTETICA:

La composición estética no camina movida por la serie de los "porqués" de la razón.

(*Estética.*)

1466 ACCION:

Cuando la razón formula porqués, la acción descubre respuestas y avanza inventando soluciones.

(Ib.)

1467 ESPIRITU:

La inducción revisa procesos que le da la experiencia; en el ejercicio artístico es el espíritu quien crea las ocasiones y los procesos.

(Ib.)

1468 RITMO:

El ritmo es, de esta suerte, una magia al servicio del espíritu.

(Ib.)

1469 SINTESIS:

Por medio del ritmo consumamos una síntesis de lo diverso. . . Por el ritmo satisfacemos el deseo espiritual de ordenar las cosas a nuestra guisa.

(Ib.)

1470 CONCIENCIA:

Un invisible, la conciencia, organiza todo lo visible en beneficio de la persona.

(*Todología.*)

1471 VIDA:

Otro invisible, que llamamos la vida, rige el cuerpo del hombre y los cuerpos de los animales, así como, también, la actividad de las plantas.

(Ib.)

1472 DIOS:

Un invisible mucho más alto rige el proceso universal:
electrones, átomos, células y almas, conforme a idéntica
ley.

(Ib.)

1473 VERDAD:

En vez de la obvia, aunque a veces complicada verdad
de igualdad que dan las ecuaciones matemáticas, el
filósofo busca la coordinación de la desigualdad para
el logro de las armonías superiores del espíritu.

(Ib.)

1474 COORDINACION:

La teoría del pensamiento como coordinación. . . nos
conduce a reconocer un máximo ser. . . que no es ni como
la voluntad, porque es todo esto, pero no expresado en
sumas ni ecuaciones, sino como una conciencia absoluta
que rige y sostiene los mundos.

(Ib.)

ANTONIO CASO (1883-1946)

Brillante expositor que se opone al positivismo e introduce
en la Universidad Autónoma de México el criticismo de
Boutroux y la fenomenología de Husserl.

1475 SOCIAL:

Querer reducir los hechos sociales a meros fenómenos
psíquicos es negar la existencia misma de la ciencia
social.

(*Sociología,* I-4.)

1476 HECHO SOCIAL:

Todo hecho social es un "fenómeno" de conciencia que
lleva implícita una finalidad.

(Ib.)

1477 MATERIALISMO:

El materialismo es la más simple de las actitudes metafísicas de la inteligencia humana; en apariencia, la más clara e inteligente de las metafísicas; pero también la más falsa.

(Ib.)

1478 IRRACIONAL:

Lo irracional no se opone a lo racional, como lo evidente a lo absurdo; se opone sólo en cuanto que limita la tendencia unificadora de la razón.

(Ib., III-10.)

1479 COMPRENDER:

¿Cómo comprendemos un fenómeno?. . . Comprender es aprehender el sentido de conexiones espirituales (de dicho fenómeno).

(Ib.)

1480 COMPRENSION:

La explicación refiérese a las ciencias físico-naturales; la comprensión, a la ciencia del espíritu.

(Ib.)

1481 FILOSOFIAS:

Todo sistema es una imagen del mundo, conforme al modo de ser de un espíritu que, si es genial, puede ser considerado como realización de un tipo de humanidad definido.

(Ib., IV, 3.)

NICOLAS ABRAGNANO (1901-   )

1482 SER:

Si la existencia es relación con el ser, yo, que existo, debo plantearme el problema del ser, debo inquirir por el ser.

(*Introducción al existencialismo,*
II.)

1483 EXISTIR:

Yo existo en cuanto que tiendo al ser,
yo soy en cuanto que me relaciono con el ser.

(Ib.)

1484 EXISTENCIA:

Existiendo, yo salgo de la nada para moverme hacia el ser;
pero si llegase a alcanzar el ser y fuese el ser, cesaría
de existir, porque el existir es la búsqueda del ser.

(Ib.)

1485 EXISTENCIA:

Como la existencia no se aleja jamás de la nada, en cuanto
que nunca se identifica con el ser, queda definida por la
imposibilidad de que ella sea la nada.

(Ib.)

1486 EXISTENCIA:

Como la relación que la existencia puede instaurar con el
ser no es la consecución del ser ni la identificación con
el ser, la existencia se define en este caso por la
"imposibilidad de que ella sea el ser".

(Ib.)

1487 EXISTENCIA:

Rasgo saliente de la existencia es la relación con el ser.
En este caso la existencia se define por la "posibilidad
de que sea ella la relación con el ser".

(Ib.)

FRANCISCO ROMERO (1891-1962)

Interesado en vincular la filosofía hispanoamericana con la
europea, se inclina por una filosofía de la trascendencia.

1488 TRASCENDER:

La serie: cuerpo físico, ser vivo, psique, espíritu,
muestra un crecimiento del trascender; y este crecimiento
llega al máximo posible en el espíritu.

(*Programa de una filosofía.*
—Trascendencia y la escala de
los seres.)

1489 SER:

Ser es trascender.

(Ib.)

1490 TRASCENDENCIA:

La trascendencia es como un ímpetu que se difunde en todo sentido, que acaso se realiza en largos trayectos de manera seguida y continua, pero sin que esta continuidad constituya para ello la ley.

(Ib.)

1491 DEPENDENCIA:

Lo físico sostiene o contiene lo vital; lo vital, lo psíquico; lo psíquico, lo espiritual.

(Ib.)

1492 INMANENTIZACION:

La Edad Moderna tiene a su espalda el trascendentismo medieval; lo niega y procura sustituirlo. ¿Con qué? Con una universal inmanentización.

(Ib., Inmanencia, trascendencia
y razón.)

1493 INMANENTISMO:

El cartesianismo es la inmanentización del saber;
el protestantismo es la inmanentización del creer;
el derecho natural es la inmanentización del poder.

(Ib.)

1494 TRASCENDER:

El trascender llega a su pureza y perfección en cuanto trascender hacia los valores, en cuanto limpio y veraz reconocimiento y ejecución de lo que debe ser.

(Ib.)

1495 IRRACIONAL:

Mientras que la inmanencia es racional, el trascender es irracional; de aquí las dificultades para la admisión de la trascendencia en la filosofía.

(Ib., Trascendencia y valor.)

1496 ESPIRITU:

El acto espiritual se agota en su intención trascendente; el espíritu no es sino vida en la trascendencia.

(Ib.)

1497 CONOCIMIENTO:

El conocimiento verdadero es proyección hacia el objeto, supeditación del conocimiento al objeto, trascendencia del conocimiento hacia algo que no es él y que lo determina.

(Ib.)

1498 ALTRUISMO:

Pasemos al dominio ético; ya la palabra "altruismo" expresa ese tránsito del sujeto a lo que no es él, la trascendencia de cada centro personal a los centros ajenos.

(Ib.)

1499 EGOISMO:

No hay más pecado en ética estricta que el egoísmo, esto es, el centrar la acción en el sujeto singular y referirla a él sólo, esto es, el obrar en el sentido de la inmanencia.

(*Trascendencia y valor.*)

1500 TRASCENDENCIA:

Se trata de reducir todo "hecho" a un "hacerse" por "algo y para algo", dentro de una vida.

(Ib.)

JOSE GAOS (1902-   )

Asturiano radicado en México, no ha dejado de influir, con su pensamiento filosófico, en la Universidad Nacional Autónoma.

1501 MISTERIO:

Aun admitiendo probada la existencia de Dios, se encuentra que los neoescolásticos son unánimes en reconocer que Dios es un misterio incomprensible.

(*Discurso de filosofía, 2.*)

1502 DIOS:

Se trata de explicar, de comprender este mundo por Dios,
y éste resulta incomprensible.

(Ib.)

1503 UNIVERSO:

En todo caso, ésta es la conclusión de "la ciencia" en el
día de hoy:

Nuestra idea del universo en conjunto es, todavía, un
producto de la imaginación.

(Ib., 3.)

1504 MENTE:

La mente humana se encuentra ofuscada entre la idea de
los límites o del infinito en el espacio y en el tiempo.

(Ib.)

VICENTE GAR-MAR

Extraordinario jesuita que habla al corazón más que al
intelecto; más con las "sugerencias" que con la palabra.

1505 AMOR:

¡Amor! Esta palabra está impregnada de sangre.
¿Por qué estará lleno de sangre el corazón?

(*Sugerencias filosófico-literarias,* I-1.)

1506 SACRIFICIO:

¡Sangre y amor! Los dos son vida, los dos engendran
la vida, los dos propagan la vida. Pero la sangre es
el símbolo natural del sacrificio.

(Ib.)

1507 DOLOR:

El amor, si es pequeño, juega; pero si es grande, llora. . .

(Ib., I, Recital de otros tiempos, III.)

1508 DRAMA:
Los dramas del corazón proceden, casi siempre
de que es más serio el amor que los amantes.
(Ib., I, Sinfonía psíquica, 2.)

1509 AMOR:
La palabra amor hace pensar en dos
que no quieren ser dos.
(Ib.)

1510 DESPEDIDA:
Amigos que viven siempre juntos sin abrazarse,
lo hacen por vez primera el día de la separación. . .
(Ib., IV.)

1511 CARIDAD:
Ser amado sin amar es egoísmo. Amar y ser amado es
amistad. Amar aún sin ser amado es caridad.
(Ib., VI.)

1512 ADIOS:
¡Cuántas cosas se aprenden en las separaciones!
El "Adiós" es la primera palabra de una ciencia
que no se adquiere en los libros.
(Ib., VIII.)

1513 FIDELIDAD:
El verdadero amor promete fidelidad sobre la muerte:
sólo son grandes las amistades eternas.
(Ib., VII.)

1514 HISTORIA:
La historia es, en gran parte, una "fe de erratas".
(Ib., I, Luz pulverizada, II.)

1515 COMUNISMO:
El comunismo es el sindicato de todos los que
no tienen sentido común.
(Ib., I, Estrellas fugaces, XIII.)

1516 JOVEN:

El niño sale de la niñez cuando comienza a sentir; y sale de la adolescencia cuando comienza a soñar.

(Ib., Flores de soledad, III.)

1517 BARRO:

La gran prueba de las almas hermosas es el estar escondidas debajo del barro humano.

(Ib.)

1518 LOCURA:

La mayor parte de las locuras no proviene de los trastornos de la mente, sino de los trastornos del corazón.

(Ib., Destellos del corazón, III.)

1519 ESTILO:

En el estilo, como en el cuarzo fundido,
el mejor adorno es la transparencia.

(Ib., Prólogo al que escribiere, III.)

1520 DOLOR:

Ningún rosal tiene, a la vez, tantas rosas y
espinas como el amor.

(Ib., Destellos del corazón, I.)

1521 SOLEDAD:

Cuanto más grande es un corazón, tanto más grandes son sus soledades y desiertos.

(Ib.)

1522 ARQUITECTO DEL UNIVERSO:

¡Qué escondido está el Artista infinito en esta obra siempre antigua y siempre nueva del Universo!

(Ib., Cine de pensamientos, I.)

1523 OPTIMISMO, PESIMISMO:

El optimismo sueña que tiene alas;
el pesimismo sueña que no tiene pies.

(Ib., Luz pulverizada, VII.)

HERBERT MARCUSE (1893-   )

Alemán radicado en los Estados Unidos, estudia las causas
del malestar del hombre "unidimensional". Ha influido mucho
en los movimientos universitarios juveniles recientes.

1524 DEFORMACION:

Nos sometemos a la producción pacífica de los medios
de destrucción, al perfeccionamiento del desperdicio,
al hecho de estar educados para una defensa que deforma
a los defensores y a lo que defienden.

(El hombre unidimensional.)

1525 SOCIEDAD:

Esta sociedad es irracional como totalidad. Su producti-
vidad destruye el libre desarrollo de las necesidades y
facultades humanas; su paz se mantiene mediante la
constante amenaza de guerra.

(Ib.)

1526 INDUSTRIA:

La sociedad industrial avanzada es cada vez más rica,
grande y mejor, conforme perpetúa el peligro.

(Ib.)

1527 ESCLAVITUD:

El rasgo distintivo de la sociedad industrial
avanzada es la asfixia efectiva de aquellas
necesidades que requieren ser liberadas.

(Ib.)

1528 CONTROL:

A cambio de las comodidades que enriquecen
su vida, los individuos venden no sólo su
trabajo, sino también su tiempo libre. . .

(Eros y civilización.)

1529 DOMINACION:

El progreso técnico, extendido hasta ser todo un sistema de dominación y coordinación, crea formas de vida que. . . parecen derrotar toda protesta.

(Ib.)

1530 NECESIDADES ARTIFICIALES:

La forma más efectiva de la guerra contra la liberación es la implantación de necesidades intelectuales que perpetúan formas ambiguas de la lucha por la existencia.

(Ib.)

1531 NECESIDADES FALSAS:

Se puede distinguir entre necesidades verdaderas y necesidades "falsas". Falsas son aquellas que están superimpuestas al individuo por intereses sociales particulares en su represión: las necesidades que perpetúan el trabajo, la agresividad, la miseria y la injusticia.

(Ib.)

1532 FALSA IGUALDAD:

Si el trabajador y su jefe se divierten con el mismo programa de televisión y visitan los mismos hoteles de veraneo; si la taquígrafa se viste tan elegantemente como la hija de su jefe. . . esta asimilación indica, no la desaparición de las clases, sino la medida en que las necesidades y satisfacciones que sirven para la preservación del *establishment* son compartidas por la población subyacente.

(Ib.)

1533 MIMETISMO:

El resultado es, no la adaptación, sino la "mímesis", una inmediata identificación del individuo con su sociedad y, a través de esta, con la sociedad como un todo.

(Ib.)

1534 REPRESION:
La "libido" es desviada para que actúe de una manera
socialmente útil.

(Ib.)

1535 CONTROL:
Los bienes y servicios que los individuos compran
controlan sus necesidades y petrifican sus facultades.

(Ib.)

1536 ALUCINACION:
La vida mejor es compensada por el control total sobre
la vida. La gente habita en edificios de departamentos
y tiene automóviles propios. . . enormes refrigeradores
repletos de comida congelada. . . docenas de periódicos y
revistas. . .
Distraen su atención del verdadero problema, que es la
conciencia de que pueden trabajar menos y, además,
determinar sus propias necesidades y satisfacciones.

(Ib.)

1537 TRANSFORMACION:
Los dos factores históricos de la transformación son
el subjetivo y el objetivo. . .
El factor objetivo existe en la clase trabajadora industrial.
El factor subjetivo existe entre la joven inteligencia
no conformista.

(*Un ensayo sobre la liberación.*)

1538 CAMBIO:
La necesidad vital del cambio constituye la vida misma
de los habitantes de los ghettos y de las secciones
"subprivilegiadas" de las clases trabajadoras en los
países capitalistas atrasados.

(Ib.)

1539 PRERREVOLUCION:

La necesidad objetiva de un cambio radical y la
parálisis de las masas, parece típica de una
no revolucionaria, pero prerrevolucionaria.

(Ib.)

1540 TACTICA:

Es precisamente el carácter preparatorio de esta labor
el que le da su significación histórica:
Desarrollar en los explotados la conciencia (y el
inconsciente) que aflojaría la presión de esclavizadoras
necesidades sobre su existencia.

(Ib.)

PRABHUPADA

1541 SERVIR:

La función de las partes es servir a la totalidad. . .
Nosotros, las entidades vivientes, siendo partes de Dios,
tenemos la obligación de servirle.

(*La ciencia de la auto realización,* I.)

1542 ACCION:

No debemos quedarnos sentados en un compartimiento
confortable; debemos ver si nuestro vehículo se
está moviendo o no hacia su verdadero destino.

(Ib.)

1543 VIDA HUMANA:

El barco de la vida humana está construido de manera
tal que debe moverse hacia un destino espiritual.

(Ib.)

1544 BELLEZA:

Todos andamos tras una verdad falsa y relativa, la cual
es incompatible con la verdadera belleza.

(Ib.)

1545 LITERATURA:

La verdadera literatura es aquella que describe
la verdad y la belleza máximas del Absoluto.

(Ib.)

1546 MUERTE:

La ignorancia de la muerte y de la vida es lo que
diferencia al animal del hombre.

(Ib.)

1547 MUERTE:

El hombre inteligente sabe que la muerte
nace cuando él nace.

(Ib.)

1548 MUERTE:

Mientras el hombre posee todo el vigor de su vida,
olvida la verdad desnuda de la muerte, con la que
habrá de encontrarse.

(Ib.)

1549 CIVILIZACION:

La civilización humana moderna está organizada de una
manera peligrosa, pues no le enseña a nadie a hacer
preguntas pertinentes a los principios esenciales de la vida.

(Ib.)

1550 LEGISLADOR:

Sólo Dios es el controlador de la naturaleza y de las
leyes naturales.

(Ib.)

1551 GOCE MATERIAL:

Cuando el alma quiere disfrutar de este mundo material,
olvidándose de su verdadero hogar del mundo espiritual,
acepta esta vida de ardua lucha. . .

(Ib.)

1552 SUFRIMIENTO:
Nadie puede decir que está completamente libre
del sufrimiento.

(Ib., II.)

1553 VIDA MEJOR:
Estamos tratando de obtener una vida mejor. . . Pero
no sabemos qué es en verdad una vida superior.

(Ib.)

1554 HUMILDAD:
Yo creo que entender a Dios no es una cuestión de
inteligencia, sino una cuestión de humildad.

(Ib., IV.)

MARIA LUISA DIAZ LIESA

1555 FILOSOFIA:
Una búsqueda de la verdad circunscrita a los límites
de nuestra humana naturaleza.

(*Filosofía,* Naciones generales.)

1556 FILOSOFIA:
Toda doctrina filosófica vale plenamente y es verdadera
solamente para la persona que ha intentado traducir en
ella su modalidad de existencia.

(Ib.)

1557 FILOSOFIA:
Es el esforzarse en conocer y no precisamente
el llegar a conocer.

(Ib.)

1558 FILOSOFO:
El esfuerzo del pensamiento para encerrar en un sistema
la infinitud de lo real traduce la unidad cerrada del alma
individual que es, en este caso, el alma del filósofo.

(Ib.)

1559 EXISTIR:

Existir es interesarse en las cosas y valores,
ponerlos como fin de nuestra ocupación.

(Ib.)

1560 ETICA:

Disciplina filosófica que trata. . . la manera de
gobernar la propia vida y dirigir sus acciones.

(Ib.)

EMMANUEL MOUNIER (1905-1950)

Fundador y apóstol del "personalismo", condena la sociedad
metalizada de hoy y aboga por una sociedad al servicio de la
persona humana, único ser mundano revestido de dignidad.

1561 PERSONA:

La persona es un absoluto respecto de cualquiera otra
realidad material o social y de cualquiera otra
persona humana.

(*Manifiesto al servicio del personalismo.*)

1562 DIGNIDAD:

Ninguna otra persona y, con mayor razón, ninguna
colectividad, ningún organismo puede utilizar a la
persona humana legítimamente como medio.

(Ib.)

1563 PERSONA:

La persona no es, como algunos conceden a veces, un
coeficiente, entre otros muchos, de la aritmética social.

(*La persona y el personalismo en la historia,* 4.)

1564 ENFERMEDAD:

La importancia exorbitante que hoy posee el problema económico en las preocupaciones de todos es signo de una enfermedad social.

(Ib.)

1565 PAZ:

La paz, como todo orden, no puede brotar más que de la persona espiritual.

(Ib., 7.)

1566 PAZ:

La paz no es solamente la ausencia de guerra visible.
La paz reposa, ante todo, en el orden interior de la persona.

(Ib.)

1567 EDUCACION:

La educación no tiene por finalidad el modelar al niño al conformismo de un medio social.

(*Manifiesto.*)

1568 EDUCAR:

Educar no tiene por función el hacer buenos patriotas o pequeños fascistas, pequeños comunistas. Tiene como misión el "despertar" seres capaces de vivir y comprometerse como personas.

(Ib.)

1569 TECNICA:

La preparación a la profesión, la formación técnica y funcional, no debería constituir el centro o el móvil de la tarea educativa.

(Ib.)

1570 LIBERACION FEMENINA:

Llamada a su misión de persona, la mujer casada no puede ser ya en la familia el simple instrumento o el reflejo pasivo de su marido.

(Ib.)

1571 LO ECONOMICO:

Lo económico no puede resolverse separadamente de lo político y de lo espiritual, a lo que está intrínsecamente subordinado.

(Ib.)

1572 DEMOCRACIA:

La democracia es... la búsqueda de los medios políticos destinados a asegurar a todas las personas en una ciudad, el derecho al libre desarrollo y al máximo de responsabilidad.

(Ib.)

ALBERT CAMUS (1913-1960)

Argelino dedicado más bien al teatro y a la literatura, se inclina hacia un existencialismo pesimista.

1573 SOLEDAD:

Hay una soledad en la pobreza, pero una soledad que da su precio a cada cosa.

(*El revés y el derecho.*)

1574 VERDAD:

Buscar lo que es verdadero no es buscar lo que es deseable.

(*El mito de Sísifo.*)

1575 VIOLENCIA:

En un mundo donde la mente se dedica a justificar el terror, pienso que hay que dar ciertos límites a la violencia y amortiguar sus efectos terríficos, impidiendo que llegue al máximo su furor.

(*Obras completas,* II.)

1576 MODESTIA:

Me avengo a ser lo que soy; he conseguido llegar a la modestia.

(*La peste.*)

1577 CULPABLE, INOCENTE:

El hombre no es enteramente culpable, pues no comenzó
la historia; ni enteramente inocente, pues la continúa.

(Ib.)

1578 REBELDIA:

Lo que es necesario combatir hoy es el miedo y el
silencio. . . Lo que hay que defender es el diálogo
y la comunicación universal de los hombres.

(*Cartas a un amigo.*)

1579 VIOLENCIA:

La violencia es, a la vez, inevitable e injustificable.
Creo que hay que conservarle su carácter excepcional y
estrecharla dentro de los límites que se puedan.

(Ib.)

JEAN PAUL SARTRE (1905-1980)

Existencialista que profesa un "ateísmo consecuente", fundado
en la "náusea" o "evidencia de que nada tiene objeto".

1580 EXISTENCIA:

¿Qué significa aquí el que la existencia precede a la
esencia? Significa que el hombre comienza por existir,
se encuentra, surge en el mundo y que después se define.

(*El existencialismo es un humanismo.*)

1581 HOMBRE:

El hombre, tal como lo concibe el existencialista, si
no es definible es porque comienza por no ser nada.
Sólo será después, y será tal como se haya hecho.

(Ib.)

1582 HOMBRE:

El hombre es, ante todo, un proyecto que se vive
subjetivamente.

(Ib.)

1583 RESPONSABLE:

Pero si verdaderamente la existencia precede a la esencia,
el hombre es responsable de lo que es.

(Ib.)

1584 ELECCION:

Elegir ser esto o aquello es afirmar, al mismo tiempo,
el valor de lo que elegimos, porque nunca podemos
elegir mal.

(Ib.)

1585 BIEN:

Lo que elegimos es siempre el bien, y nada puede ser
bueno para nosotros sin serlo para todos.

(Ib.)

1586 LIBERTAD:

No hay determinismo. El hombre es libre; el hombre
es libertad.

(Ib.)

1587 DESTINO:

El destino del hombre está en el hombre mismo.

(Ib.)

1588 EXISTENCIALISMO:

El existencialismo no es tanto un ateísmo, empeñado
en demostrar que Dios no existe. Más bien declara:
"Aunque Dios existiera, esto no cambiaría".

(Ib.)

1589 DIOS:

El existencialismo piensa que es muy incómodo que
Dios no exista, porque con él desaparece toda posibilidad
de encontrar valores en un cielo inteligible.

(Ib.)

JOSE FERRATER MORA (1912-   )

Barcelonés que ha estado en Francia, Cuba, Chile y los
Estados Unidos, pugna por una filosofía "integracionista",
tendiendo un puente entre conciencialismo y objetividad.

1590 RIVALIDAD:

Todo filósofo suele mostrar una incorregible propensión
a considerar a todos los demás filósofos como enemigos
en potencia.
(*Integracionismo,* La filosofía en el mundo de hoy.)

1591 EXISTENCIALISMO:

Parece que el existencialismo constituye un afortunado
intento de alcanzar un cierto grado de integración
filosófica.

> (*Integración,* La filosofía en el mundo
> de hoy, 2 Bases de integración.)

1592 EXISTENCIALISMO:

Hay un existencialismo de la angustia, otro de la esperanza, otro de lo absurdo; hay uno de la plenitud del Ser
y otro de la vacuidad de la Nada.

(Ib.)

1593 FILOSOFIA:

¿Qué es la filosofía en el mundo de hoy?
Más que nunca, no tenemos filosofía, sino filosofías.
(Ib., 3.)

1594 FILOSOFIA:

Cualquiera que sea la filosofía adoptada, tendrá que ser,
a la postre, una confesión personal del filósofo que la
formula.

(Ib.)

1595 INTEGRACION:

Todas las doctrinas, métodos o definiciones son admisibles en algunos respectos; son también defectuosas en algunos otros respectos, de modo que urge bosquejar una nueva filosofía que abarque y, a la vez, supere todas las filosofías.

(Ib., 4.)

1596 FILOSOFIA:

La filosofía es, en mi opinión, un punto de vista, de modo que aunque no hay objetos que puedan calificarse de "filosóficos", todos los objetos pueden ser examinados "filosóficamente".

(Ib., 5.)

1597 ACTITUD FILOSOFICA:

No hay reparo en presumir que la actitud filosófica puede ser prohijada por el hombre de ciencia, por el artista, por el hombre común, por el espíritu religioso.

(Ib.)

1598 FILOSOFO:

El filósofo ofrece su hospitalidad a personajes de toda laya, con la esperanza de que el diálogo entablado a su alrededor los mantenga reunidos, antes de que se les ocurra reasumir sus tareas particulares.

(Ib.)

1599 VERDAD:

No creo que las verdades importantes sean vacías de contenido o que haya verdades insignificantes llenas de significación.

(Ib.)

1600 PSEUDO-FILOSOFO:

Hay sólo algunas maneras de llegar a ser auténtico filósofo; hay infinitas maneras de llegar a ser un pseudo-filósofo.

(Ib.)

JULIAN MARIAS (1914-

Discípulo de Ortega, Zubiri, Morente y Gaos, sigue los principios de la "razón vital".

1601 HISTORIA:
Conviene no olvidar que, si bien la historia condiciona al hombre, es el hombre quien hace la historia.
(*Introducción a la filosofía*, Función vital de la verdad.)

1602 SITUACION:
La situación es siempre un repertorio de exigencias y posibilidades.
(Ib.)

1603 HOMBRE:
Cuando se habla del hombre, téngase presente que se habla siempre, en el fondo, de pretensiones, que se pueden cumplir o no.
(Ib.)

1604 INCERTIDUMBRE:
La incertidumbre no es simplemente "no saber" en el sentido de "ignorar" , sino un concreto "no saber a qué atenerse".
(Ib.)

1605 VIVIR:
Frente a los problemas que la ocasión plantea en cada instante, el hombre reacciona "viviendo"; es decir, con la acción vital misma, que es la solución "normal y primaria" de los problemas.
(Ib.)

1606 CONOCER:
Conocer es sólo uno de los modos de saber a qué atenerse.
(Ib.)

1607 VERDAD:

Verdad es, en primer lugar, un estado en que nos encontramos cuando sabemos a qué atenernos. Y, en segundo lugar, aquello que nos hace recobrar la seguridad y certidumbre perdidas.

(*Integracionismo,* Primer encuentro con la verdad.)

1608 VERDAD:

La verdad de las cosas es "de ellas" y no mía, aunque carezca de sentido hablar de esa verdad aparte de mí.

(Ib., Verdad de las cosas y verdad del decir.)

1609 INDIGENTE:

Como no tiene en su mano lo que necesita para vivir, no le queda otro remedio al hombre que "vivir de crédito"; por eso (aunque no sólo por eso) es el hombre siempre menesteroso e indigente.

(Ib., Verdad como identidad.)

1610 FILOSOFIA:

La filosofía no se propone el manejo de las cosas; pero como el hombre tiene que hacer su vida, y tiene que hacerla con las cosas, necesita que su vida entera intervenga en la aprehensión de cada cosa.

(Ib., *La filosofía,* Condiciones del saber postulado.)

1611 FILOSOFIA:

Filosofía es lo que el hombre tiene que hacer cuando se encuentra en una situación determinada y porque se encuentra en ella.

(Ib., La filosofía y su historia.)

1612 SER:

No se puede partir del ser, sin más: hay que derivarlo y justificarlo. Porque el ser es una "interpretación" de la realidad.

(*Idea de la metafísica,* Metafísica y ontología.)

1613 VIDA:

La vida no se agota en el "yo". . . ni es cosa alguna,
porque toda cosa se encuentra en alguna parte, y la
vida es el "dónde", en que las cosas aparecen.
(Ib., Metafísica como ciencia de la realidad radical.)

1614 VIDA:

Es el área en que se constituyen las realidades como
tales, en que acontece mi encuentro con ellas, mi tener
que habérmelas con ellas.
(Ib.)

1615 VIDA:

La vida es, por tanto, "la organización real de la
realidad" y, por consiguiente, la realidad radical
en el sentido literal de estas palabras.
(Ib.)

1616 REALIDAD ESTRICTA:

Lo que es realidad estricta es "mi vida", es decir,
yo con las cosas, yo haciendo algo con mi circunstancia.
(Ib., La teoría de la vida humana.)

1617 VIDA:

La vida humana "en general" no existe, no es real;
la que lo es es "mi vida"; mi vida, que no sólo es
"ésta" en el sentido de ser vida individual, sino
en otro más profundo y decisivo: que es una absoluta
posición de realidad "irreductible", circunstancial
y concreta.
(Ib.)

EDUARDO IGLESIAS, S. J.

Ilustre jesuita mexicano que ha sabido aunar el fecundo
apostolado y una profunda reflexión filosófica y teológica.

1618 CAUSA FINAL:

La causa final es la principal de las causas,
pues mueve aun a la causa eficiente.
(De Deo in operatione naturae vel voluntatis operante.)

1619 CAUSA PRINCIPAL:

El supremo Artífice es la causa principal de la fecundación de las flores, pues de él es la intención. En cambio los insectos son la causa instrumental, pues carecen de intención.

(Ib.)

1620 EFECTO:

Efecto propio no es aquel que es causado por medio de una acción propia, sino aquel que propiamente responde a la perfección ontológica de la causa.

(Ib., 9.)

1621 CAUSA:

La causa, pues, como que se pinta en el efecto. Así: describir la línea es efecto propio de la pluma; en cambio, la curvatura o rectitud de la línea es un efecto propio del pintor.

(Ib.)

1622 INMEDIACION:

Inmediación de supuesto es la carencia de otro ser entre la causa y su efecto.

(Ib., 13.)

1623 INMEDIACION:

Inmediación de virtud es la influencia inmediata de la virtud de la causa superior en el efecto, aunque algún ser, por ejemplo, la causa segunda, se interponga entre la causa superior y su efecto.

(Ib., 14.)

1624 PROBLEMA:

¿Cómo opera Dios en las causas segundas y en la voluntad para que estas en verdad conserven su causalidad?

(Ib., 40.)

1625 ACCION:

Dios opera (coopera) con las causas segundas:

1. En cuanto que les ha comunicado el ser.
2. En cuanto que conserva la virtud operativa de aquéllas.
3. En cuanto que mueve a la acción las facultades operativas.
4. En cuanto que toda otra virtud actúa "por virtud de Dios".

(Ib., 116.)

1626 DIOS:

Dios es verdaderamente causa de toda operación de las causas segundas.

(Ib.)

1627 MOCION:

Dios, causa principal, mueve a las causas segundas (instrumento) no *efficienter,* sino *finaliter.*

(Ib., 132.)

1628 CAUSA PRIMERA:

La causa primera siempre opera con inmediación de virtud, mas no siempre con inmediación de supuesto.

(Ib.)

1629 INTERVENCION:

Dios interviene en la elección:

Porque es la causa de la voluntad.

Porque es el que conserva la voluntad.

Porque es el dador de la energía de la voluntad.

Porque, como causa final, es el director de la voluntad.

(Ib., 148.)

1630 CONCURSO:

Nada, pues, de concurso inmediato en la esfera de la eficiencia, y sí toda moción inmediata (intención) en la esfera de la finalidad.

(Ib.)

FRANCISCO LARROYO (1908-   )

Conferenciante y maestro universitario en la Universidad y en la Normal Superior, tiene marcada influencia de la escuela de Marburgo.

1631 FILOSOFAR:

Al asistir a la historia del pensamiento filosófico,
vamos a darnos la ilusión de que somos los constructores
de la filosofía, de que la hacemos.

(*Filosofía,* Introducción.)

1632 ACCION:

El hombre sólo entiende plenamente lo que hace:
su afán, su tarea, su quehacer, su obra. . .

(Ib.)

1633 FILOSOFIA:

Al elevarnos del fenómeno a la ley hacemos ciencia.
Al elevarnos del fenómeno y la ley a la causa, hacemos
una hipótesis filosófica.

(Ib.)

1634 FILOSOFO:

No declaramos que sabemos ya, sino sólo que sabemos
que nos gusta saber, y no un saber cualquiera, sino
un saber que va a lo hondo y radical de la existencia.

(Ib.)

1635 FILOSOFAR:

Filosofar es tender a explicar y comprender la existencia,
siendo la filosofía esta explicación y comprensión.

1636 COMPRENDER:

Para comprender será menester primero explicar; pero
comprender no es explicar; es algo más: una como
explicación de la explicación, hasta volver nuestro,
íntimamente, lo explicado.

(Ib.)

1637 TIPOS:

Todos somos, imperfecta e inevitablemente, introvertidos platónicos o extravertidos aristotélicos; pero ellos dos, Aristóteles y Platón, polarizan la vida psicológica.

(Ib.)

1638 FILOSOFAR:

Filosofar nos parece siempre, como una especie de tarea de segundo grado, como un esfuerzo de reflexión, esto es, de meditación sobre lo hecho.

(Ib.)

JOSE SANCHEZ VILLASEÑOR

Filósofo jesuita, estudiante del pensamiento filosófico de nuestros días.

1639 CAPITALISMO:

El capitalismo liberal engendra, con sus injusticias sociales, el comunismo marxista.

(*Filosofía cristiana y crisis de valores*.)

1640 LUCHA:

El falso humanismo renacentista, que renegó de Dios y endiosó al hombre, se autodestruye en la actual titánica lucha a muerte que divide al mundo.

(Ib.)

1641 DESHUMANIZACION:

Producto de la desintegración de ese falso humanismo es el hombre deshumanizado y cruel de nuestro tiempo. Conoce a maravilla los secretos de la técnica, ha robado al átomo su misterio de siglos, posee la fórmula del fuego nuclear. Pero ha perdido la fe en la razón, la fe en todos los valores del espíritu. Ha perdido a Dios. . .

(Ib.)

1642 NUEVO BARBARO:

Este hombre deshumanizado es el nuevo bárbaro, amoral y escéptico, que pulula por las plazas y las fábricas, cines y bancos, oficinas y cafés de nuestras modernas urbes supercivilizadas.

(Ib.)

1643 HOMBRE-MASA:

Es el hombre-masa, anónimo y gregario, que no se valora. Que nada se exige. Antes impone el derecho a la vulgaridad en torno suyo.

(Ib.)

1644 ANGUSTIA:

El hombre al perder a Dios se pierde a sí mismo. Se queda a solas, devorado por la angustia, con la abyecta miseria de su propia nada.

(Ib.)

1645 UNIVERSIDAD:

Por misión, la Universidad está llamada a ser corona y flor de la cultura de un pueblo. Su cerebro pensante.

(Ib.)

1646 UNIVERSIDAD:

Integrar la enseñanza superior con la cultura y la técnica es su destino (de la Universidad). Preparar profesionistas. Pero no echar en olvido el cultivo de la ciencia pura y desinteresada.

(Ib.)

JESUS GUISA Y AZEVEDO (1915-   )

Doctorado en la Universidad de Lovaina, se ha dedicado a la escritura y a la labor editorial.

1647 FILOSOFIA:

La filosofía es la reflexión humana. Es, por esto, pensar y repensar, volver sobre lo mismo, buscar mayor amplitud, más alcance, más universalidad a las ideas.

(*El cardenal Mercier.*)

1648 FILOSOFIA:

La filosofía es la integración del hombre. Todo esto presidido por la razón y mediante el orden y medio racionales.

(Ib.)

1649 RAZON:

La razón forzosamente nos pone delante de las causas, que son la explicación adecuada de todo, causas mediatas, inmediatas y remotas y, ante todo, causa única o Causa Ultima y Primera.

(Ib.)

1650 ESPECULACION:

Todo es motivo de especulación porque todo es materia de razonamiento o de intuición.

(Ib.)

1651 AMOR:

Todo es motivo de apetencia porque todas las cosas nos llaman y nos atraen. El amor no se cansa de amar.

(Ib.)

1652 HOMBRE:

Hay muchas especies de hombres, y dentro de cada hombre hay muchos hombres.

(Ib.)

1653 FILOSOFIA PERENNE:

Sólo un cataclismo étnico podría esconder bajo los restos del viejo mundo el producto doctrinal elaborado por la Edad Media cristiana.

(Ib.)

1654 PATRIA:

No hemos sabido conservar el lenguaje. No hemos sabido conservar el territorio. No hemos sabido conservar la raza. ¿De quién es, pues, México y para quién o para quiénes está destinado?

(*La "Civitas Mexicana" y nosotros, los católicos,*
Lección de pesimismo.)

1655 JUSTICIA:

Antes que la asistencia del Estado, que los recursos de la ciencia y que la compasión fraterna, se requiere la justicia.

(Ib.)

1656 MEXICO:

El mal no está en la tierra. No está en el hombre. Y no es por la geografía, no es por la raza por lo que México no es lo que debe ser.

(Ib.)

1657 MUERTE:

La muerte es una inquietud porque es un problema. Y no tener esa inquietud es no plantearse ese problema.

(Ib.)

1658 DESORIENTACION:

No saber para qué vivimos, aventurarnos al más allá sin llevar buenas obras, carecer, por todo esto, de ideal, de modelo, de guía, es negar la humanidad, negar la historia del hombre, negar el amor y, en consecuencia, afirmar la nada.

(Ib.)

1659 TERRITORIO:

El territorio cobra valor y es tanto más apreciable por cuanto que incorpora, asume y hace suyo el esfuerzo humano.

(Ib.)

1660 TERRITORIO:

Un territorio vale por sus hombres; y México tiene que valer por los mexicanos.

(Ib.)

1661 SOBRENATURALEZA:

Del hombre no podemos separar la sobrehumanidad, y de la Naturaleza no podemos separar el orden sobrenatural.

(Ib.)

1662 OPRESION:

Los políticos de México —como autoridades o como doctrinarios, como responsables de las funciones del Estado—, han querido, con una insistencia que corre pareja con su ignorancia y su ineptitud y, no pocas veces, con su malevolencia, reducirnos (naturalmente que por constreñimiento), a su obediencia. Claro está que con el pretexto de nuestra felicidad.

(Ib., VI.)

1663 VIDA:

La vida ciertamente es un gran bien, el más preciado. Pero la vida no es un Dios. La vida es buena o mala, según sea el orden o el desorden que introduzcamos nosotros mismos en ella.

(Ib.)

JOSE HERNANDEZ CHAVEZ,S. J.

Destacado maestro universitario y gran conferenciante, de formación eminentemente escolástica.

1664 FILOSOFO:

El que piensa en los problemas y les busca solución, sobre todo cuando se trata de problemas no del orden empírico, sino del orden ideológico, decimos que está filosofando.

(*Apuntes de lógica,* I-1.)

1665 FILOSOFIA:

Filosofía puede considerarse como la reflexión natural en el hombre para posesionarse de la verdad dondequiera que lo asalte la duda o una curiosidad sobre los problemas del universo o de la vida, su origen, sus causas, su finalidad.

(Ib.)

1666 CIENCIA:

Ninguna ciencia puede existir si no interviene la filosofía.

(Ib., I-2.)

1667 PROCESO:

En toda ciencia, además de la parte descriptiva y del tránsito de la cosa a la causa y de los datos particulares a la ley universal, hay un proceso lógico que vuelve de la causa a la cosa y de la ley general a la aplicación particular.

(Ib.)

1668 DIALECTICA:

La dialéctica ha llegado a hacerse despreciable, odiosa y aun ridícula, por tanto sutilizar con vivisecciones mentales.

(Ib., II-11.)

1669 CONTENIDO:

Al tratar de la idea como forma de pensamiento, no podemos prescindir del objeto que representa. Pero tendremos cuidado de no confundir el problema lógico con los problemas metafísicos.

(Ib., VI-17.)

1670 ESPECIE:

La especie es la idea universal más cercana al individuo.

(Ib., V-86.)

ROMULO APPICCIAFUOCO

1671 INTUICION:

Permite captar, sin intermediario, por una especie de iluminación interna *(intus ire)* algunos principios universales.

(*Manual de psicología,* I-5.)

1672 VIVENCIAS:
Los fenómenos psíquicos existen en cuanto forman parte
de la vida interior del individuo; son "vividos" por
experiencia directa y según las características de la
propia personalidad del individuo.

(Ib., 7.)

1673 PSIQUICO:
"Consciente" y "psíquico" no se identifican, aunque
resulte paradójico hablar de una "psique inconsciente".

(Ib., III-3.)

1674 INFRACONSCIENTE:
En el psiquismo infraconsciente hay un estrato "superior"
(lo subconsciente), integrado por los contenidos que una
vez formaron parte de la conciencia; y el estrato "inferior"
de la psique (lo inconsciente), obstaculizado por el
estrato superior.

(Ib.)

1675 CONCIENCIA:
La conciencia selecciona, coordina, precisa, resume,
actualiza y determina, por sus fines y necesidades,
las disposiciones inconscientes.

(Ib., III-4.)

1676 CONFLICTOS:
El choque entre la actividad psíquica inconsciente y
la actividad psíquica consciente (la primera instintiva
y la segunda impulsada por los intereses personales),
originan conflictos profundos y a veces trágicos a
todos los hombres.

(Ib.)

1677 MEMORIA:
La memoria no es tanto una función, cuanto una
condición general de la vida psíquica.

(Ib., V-1.)

ISMAEL DIEGO PEREZ

De la Universidad Nacional Autónoma de México, estudia el proceso del pensamiento filosófico, analizando detenidamente todos los sistemas.

1678 CIENCIA Y FILOSOFIA:

La ciencia y la filosofía son los dos caminos que el hombre ha creado para satisfacer su curiosidad o su afán de trascendencia.

(Introducción a la ética, I-1.)

1679 PREMIO:

El bien no se cumple por el bien, sino por un premio que justifica las acciones. El deber cumplido en el orden humano no es suficiente, y hace falta una finalidad más allá del hombre.

(Ib.)

1680 RAZON:

En el hombre coexisten o conviven siempre dos mitades: su razón de ser y su razón de fabular.

(Ib., II-3.)

1681 CONCIENCIA:

A medida que el hombre obra, los actos de la ebuciencia moral le revelan su bondad, su malicia o su maldad. Es como un testigo que se acusa a sí mismo.

(Ib., II-5.)

1682 SANCION:

La conciencia moral es un estímulo o freno para la acción, al proyectarse en el futuro. La bondad moral le estimula y la malicia o maldad le retiene o inhibe.

(Ib.)

1683 MISTERIO:

La mayoría de los hombres, cuando desconocen las leyes que rigen los fenómenos, los niegan por imposibles o les dan una explicación insuficiente. Lo que llamamos misterio son leyes desconocidas.

(Ib., III-2.)

1684 OPINION:

La opinión es respetable en política o en las relaciones sociales, pero no en la ciencia.

(Ib.)

1685 LIBERTAD:

No existe nunca la libertad completa, salvo la libertad del espíritu.

(Ib., III-3.)

1686 VALOR:

El valor es una cualidad de la cosa, pero no una cosa. A las cosas valiosas se les llama bienes y son las que llevan los valores.

(Ib., IV-1.)

1687 APRECIACION:

El valor no es una cualidad real; es una cualidad irreal. El valor no se percibe con los sentidos, ni se comprende. Aprehender o capturar un valor es estimarlo.

(Ib.)

1688 RACIONAL:

Lo racional es lo que se demuestra y no lo que nada más se muestra. Mostrar algo no es razonarlo, pero demostrarlo sí es razonamiento.

(Ib., V-3.)

ANGEL GONZALEZ ALVAREZ

1689 SABIDURIA:

La sabiduría se nos presenta como conocimiento teórico y práctico. Y en su ámbito extensivo abarca todos los seres y las acciones del hombre.

(*Introducción a la filosofía,* I-1.)

1690 FILOSOFIA Y RELIGION:

En el ámbito del paganismo, filosofía y religión eran creaciones humanas. En el orbe cristiano las cosas acontecen de otra manera radicalmente diferente: el hombre se encuentra con la filosofía, que es invención humana, y con la religión, que es donación de Dios.

(Ib.)

1691 ARISTOTELISMO:

Aristóteles escala la más alta cumbre de la filosofía griega y deviene maestro universal. Teórico insuperable de la ciencia, crea el instrumento del saber (la lógica), se aplica al estudio de la naturaleza (física), y asciende a la consideración del ente en cuanto tal (metafísica), y de allí desciende a la organización del saber moral (ética).

(Ib., II-4.)

1692 HUMANISMO:

La filosofía socrática comienza siendo el descubrimiento de la verdad como medida de lo que el hombre debe ser y norma a la que debe someter su conducta.

(Ib.)

1693 FILOSOFIA:

La filosofía es propiamente eso: "filosofía", deseo de la sabiduría. . .
El filósofo posee un alma deseosa de saber, enamorado de la sabiduría. . . siempre mirando hacia lo alto, partícipe, en grado eminente, de la divinidad.

(Ib.)

1694 SABIO:

El ideal del sabio consistirá, pues, en liberarse de las pasiones perturbadoras haciéndose insensible a todas las cosas indiferentes, como el placer, los honores, las riquezas, etcétera.

(Ib.)

1695 FILOSOFIA:

La sabiduría consiste en la regla de la vida. Y la filosofía se concibe como la búsqueda de esa sabiduría capaz de proporcionar al hombre, con el remedio de las miserias, el bien supremo y la felicidad verdadera.

(Ib.)

REGIS JOLIVET

De la Facultad de Filosofía de la Universidad Católica de Lyon.

1696 MORAL:

La moral es la ciencia que trata del empleo que debe hacer el hombre de su libertad para conseguir su último fin.

(*Tratado de filosofía*. IV Moral, Introducción, 1.)

1697 REGLA:

La regla de la conducta humana no puede ser definida sino en función de la naturaleza del hombre.

(Ib.)

1698 VIRTUDES OPERATIVAS:

Cuando se trata de lo singular ya no se puede hablar de ciencia, sino sólo de arte y prudencia, es decir, de virtudes operativas, cuya función no es conocer, sino pura y simplemente, dirigir la acción en el dominio de lo contingente.

(Ib., 2.)

1699 CIENCIA:

Las ciencias traen más decepciones que satisfacción a nuestras ansias de saber y de comprender.

(Ib., I-2.)

1700 FELICIDAD:

En el estado sobrenatural, que es, de hecho, el de toda
la humanidad, la felicidad puramente natural no existe.

(Ib.)

1701 VALORES:

Los valores deben ser concebidos como siendo, a la vez,
de Dios y del hombre.

(Ib., III-1.)

1702 HOMBRE:

El hombre, al inventar los valores, invéntase a sí mismo
a partir de sí mismo y deviene propiamente lo que es.

(Ib.)

1703 MORALIDAD:

La moralidad no es más que la conciencia viviente que el
hombre posee de su naturaleza racional y libre, como
religada al absoluto divino del cual procede.

(Ib.)

1704 LLAMAMIENTO:

El hombre es, pues, el que inventa y crea los valores
como otras tantas respuestas a una llamada de lo "alto",
que es la llamada a realizarse a sí mismo según la
perfección de su naturaleza, es decir, según el espíritu.

(Ib.)

1705 TRASCENDENCIA:

La trascendencia de los valores no es otra cosa que la
trascendencia del hombre como razón y espíritu. . .
Esta trascendencia del hombre no es real y pensable
sino como criatura de Dios.

(Ib.)

IGNACE LEPP

De tinte existencialista, revela, en sus páginas, un espíritu
agustiniano, fecundado por el conocimiento de Kierkegaard,
de Bergson y de Freud.

1706 SOLEDAD:

La mayoría de los hombres modernos no sólo no siente la necesidad de la soledad, sino que positivamente le tiene miedo.

(*La comunicación de las existencias,* I.)

1707 VIDA PRIVADA:

La libertad individual, la vida privada, son realidades a las que se ha renunciado desde hace tiempo.

(Ib.)

1708 SOLO:

El hombre se siente solo, abandonado, cuando para nadie es sujeto, centro de iniciativa y de libertad, cuando se siente un simple objeto entre objetos innumerables, más o menos anónimos.

(Ib.)

1709 SOLO:

Se puede estar terriblemente solo en medio de la multitud, y no hay lugar donde el hombre esté más solo que la muchedumbre.

(Ib.)

1710 FECUNDIDAD:

Sin embargo, la soledad no es algo meramente negativo. Es indispensable a quienes quieran salir de la trivialidad cotidiana.

(Ib.)

1711 FILOSOFOS:

Los grandes filósofos, que han tenido una conciencia clara y elevada del valor y destino personal del hombre, se han convertido en propagandistas de la soledad.

(Ib.)

1712 PRECIO:

Para que la soledad tenga verdadero precio, el hombre debe destruir con sus propias manos cuanto lo une a los otros hombres, debe hacerse rechazar y excomulgar por la sociedad de los hombres.

(Ib.)

1713 INTERIORIDAD:

Toda la moderna civilización materialista se funda sobre la negación de la interioridad del hombre.

(Ib.)

1714 EL "YO":

Mientras el "Yo" no encuentre un "Tú" con quien pueda acometer la creación de esa nueva realidad que se llama "Nosotros", la conciencia permanecerá encerrada en el malestar.

(Ib., II.)

1715 SOLIDARIDAD:

La solidaridad de los destinos espirituales no es solamente un hecho: es una necesidad ontológica.

(Ib., III.)

1716 INDIFERENTE:

El indiferente se incapacita para amar a los otros, se encierra en el narcisismo orgulloso y no tardará en sucumbir a la neurosis.

(Ib.)

1717 ODIO:

En el odio se admite y se reconoce la existencia del "otro", pero el individuo se propone suprimirla.

(Ib.)

1718 ENCUENTRO:

Sólo es decisivo el encuentro con un "otro" que aparentemente encarna y ha realizado ya aquello hacia lo que el hombre tendía confusamente.

(Ib., IV.)

1719 SOLIDARIDAD:

El verdadero lazo social del mundo moderno es la solidaridad.
Los hombres se agrupan juntos o se oponen a otros grupos . . .
A veces la conciencia de la solidaridad abre el camino a un heroísmo auténtico.

(Ib., V.)

1720 CONCIENCIA:

La solidaridad hace nacer la conciencia colectiva, a la que no hay que confundir con la "conciencia de la comunión internacional".

(Ib.)

1721 COMUNION:

El hombre no puede satisfacerse con una extensión cada vez mayor de sus relaciones extrínsecas con los otros hombres.

El anhelo más profundo de su naturaleza espiritual es la comunión personal.

(Ib., VI.)

1722 EXISTENCIA AUTENTICA:

Sólo hay existencia auténtica en la generosidad y olvido de sí.

Esta generosidad, este olvido de sí, no son posibles si no encuentro fuera de mí otras existencias auténticas, dispuestas a recibirme, a abrirse ante mi generosidad y a derramar sobre mí la suya.

(Ib.)

1723 COMUNION:

El contacto con la intimidad del "otro" trasciende el dominio del poseer, de la comunión objetiva. La vida interior no es algo que el hombre posee; es su misma existencia, y sólo la palabra "comunión" puede expresar adecuadamente el intercambio directo entre ser y ser.

(*La comunicación de las existencias,* VI.)

1724 INFLUENCIA:

La solidaridad, la influencia, y hasta el odio y el deseo de posesión pueden y deben revelarme que entre el "yo" y el "otro" hay algo común, que vivimos al mismo ritmo, que somos capaces de experimentar emociones, aspiraciones, pensamientos, intenciones idénticas.

(Ib.)

1725 PLENITUD:

El "nosotros" no se añade a existencias ya construidas para hacerlas más perfectas, sino que en él las existencias encuentran su consistencia, su plenitud.

(Ib.)

1726 TODO:

El todo, en la dialéctica existencial, es el tercer término, presente a todo lo largo del camino que recorren los "Yo" solitarios en busca de plenitud.

(Ib.)

1727 COMUNIDAD:

La comunidad es, en primer término, resultante de la comunión entre existencias; mas una vez realizada ésta, se convierte en creadora, fuente y escuela de comunicación.

(Ib.)

1728 AMOR:

Cuanto más se espiritualiza el hombre, tanto más su necesidad de amor se hace explícita y completa. Es el amor el que ofrece a la existencia humana las mayores oportunidades de expandirse y ser socialmente fecunda.

(Ib., VII.)

1729 AMOR:

El amor transfigura y embellece todo, aun los actos más humildes de la vida cotidiana.

(Ib.)

1730 DESASTRE:

Si falta el amor, ocurre la peor de las catástrofes y desaparece todo sabor y goce de la vida, aun cuando, bajo otros aspectos, se hallara plena.

(Ib.)

1731 MUERTE:

Para el hombre espiritualmente evolucionado, la muerte surge como algo mil veces preferible a una vida sin amor.

(Ib.)

1732 TRIUNFO:

Quizá hemos luchado vanamente, durante años, contra nuestro egoísmo... Sólo el día en que amamos verdaderamente a otro, estamos en condiciones de vencer el egoísmo y superar el "yo" carnal.

(Ib.)

1733 SUFRIMIENTO:

Mientras el amor no haya sido probado en el fuego del sufrimiento, será difícil estar seguro de su calidad.
Siempre se corre el peligro de tomar por amor el subproducto de una pasión carnal efímera.

(Ib.)

1734 AMOR:

El amor auténtico no se descorazona ni aun ante la indignidad y falta de valor de la persona amada.

(Ib.)

1735 AMOR:

El amor no es el goce de un objeto que se posee, sino una voluntad y una esperanza de creación.

(Ib.)

1736 AMOR PROPIO:

El enemigo más temible del amor es el amor propio.

(Ib.)

1737 SELECCION:

Está en la naturaleza del amor el no poder ser masivo, anónimo; no puede tomar como objeto la muchedumbre en cuanto tal. El amor implica distinción, selección.

(Ib.)

1738 AMOR:

La mayoría de las veces, el amor de que hablan novelistas y cineastas es un complejo en que se mezclan: lo patético sentimental, el deseo egoísta de posesión carnal, una confesión de debilidad de carácter y una conmoción nerviosa.

(Ib., VIII.)

1739 AMOR:

Felizmente el amor sexual es algo más que prosecución hambrienta de la carne por la carne.

(Ib.)

1740 SEXO:

También las almas están sexualmente diferenciadas, y el hombre y la mujer se complementan, al parecer, más por la vida de sus almas que carnalmente: *animus et anima*, decían los antiguos.

(Ib.)

I. M. BOCHENSKI

Filósofo suizo, de formación eminentemente tomista, dedicado a la investigación de la filosofía actual.

1741 TECNICA:

Si se pretende limitar el saber y el conocimiento a su aspecto técnico-práctico, entonces bastará con saber cada vez "cómo" hay que hacer esto o aquello.

(*La filosofía actual*, Prólogo.)

1742 POR QUE:

Con anterioridad a la cuestión del "cómo", se plantea la cuestión del "por qué".

(Ib.)

1743 RESPUESTA:

La respuesta al último "por qué" sólo la religión y la filosofía nos la pueden dar.

(Ib.)

1744 ANIMAL RACIONAL:

El hombre es un *animal rationale,* y no puede menos que hacer uso de su razón; y cuando no lo hace en forma consciente y filosófica, lo hace, sin duda, en forma inconsciente y con diletantismo

(Ib.)

1745 DILETANTISMO:

Filósofos diletantes, menospreciando las aportaciones intelectuales de hombres con gran capacidad espiritual infinitamente superior a la suya, construyen sus propias filosofías inferiores, que salen sobrando.

(Ib.)

1746 FILOSOFO:

Cierto que el filósofo no siempre importa mucho para la realidad cotidiana. Pero, ¿será esto un defecto? ¿Es que el hombre, cuando es realmente hombre, no perfora la pura existencia momentánea?

(Ib.)

1747 FILOSOFIA:

La filosofía, por lo mismo que no se refiere al "aquí" y al "ahora" del momento, ni alberga ninguna intención de inmediata utilidad para la vida, representa una de las potencias espirituales mayores que nos preservan de sumirnos en la barbarie.

(Ib.)

1748 ORIENTACION:

Aquellos que pretenden enterarse de hacia dónde marchamos, harán bien en prestar atención, mejor que a los políticos, a los filósofos.

(Ib.)

LOUIS DE RAEYMAEKER

1749 HOMBRE:

Cada hombre es de su época, de su medio; lleva en sí mismo su señal indeleble. Debe, para comenzar, fiarse de los demás, aceptar el depósito de la tradición, antes de poder atenerse a sus propios medios.

(*Introducción a la filosofía*, I-1, a.)

1750 HOMBRE:

El hombre es un ser social y un ser enseñado; es una condición ineluctable de la vida humana.

(Ib.)

1751 POR QUE:

Ninguna palabra le es más familiar al hombre que la palabra "por qué".

(Ib., I-1, b.)

1752 CRITICA:

La crítica de las ciencias, que es de orden filosófico, ilumina el trabajo científico indicándole su naturaleza y sus límites, su significación y sus posibilidades.

(Ib., I-2.)

1753 TEOLOGIA:

El problema de las relaciones entre la filosofía y la teología surge desde el momento en que la filosofía alcanza ciertas verdades de las que también se ocupa la teología.

(Ib., I-3.)

1754 MUTILACION:

¿En el orden real que rige al hombre, no será forzoso admitir que toda filosofía está inevitablemente mutilada?

(Ib.)

1755 FILOSOFIA:

La insuficiencia relativa de la filosofía con respecto al orden de la gracia, no niega en nada su carácter absoluto y su pleno valor en el orden natural.

(Ib.)

1756 INGRESO:

Es válido afirmar, de lleno, que se entra en el terreno de la filosofía desde el momento en que se "plantea" un problema concerniente a la explicación fundamental de las cosas.

(Ib., I-4.)

1757 REALISMO:

Por un movimiento espontáneo del espíritu, el hombre es realista: está convencido de encontrar, en sí mismo y en torno de sí, lo real.

(Ib., II-1.)

1758 CONOCIMIENTO:

Nuestra actividad de conocer presenta un contenido que es, a la vez, universal e individual; es una constatación empírica al mismo tiempo que una afirmación categórica.

(Ib.)

1759 AUTONOMO:

Cada uno de nosotros tiene la convicción de ser "autónomo".

(Ib., II-3.)

1760 PERSONA:

El hombre pretende, precisamente, ser una "persona"; esto es, una realidad que constituye, en sí misma, un todo, un ser completo, que lleva en su propia naturaleza el principio de su actividad y de su valor.

(Ib.)

1761 MISTERIO:

El hombre: ¡qué misterio y qué materia de contradicción! Si somos materiales, ¿cómo es que pretendemos sustraernos a las leyes de la materia?
Y si somos personas espirituales, ¿cómo y por qué habitamos este universo?

(Ib.)

JULIO J. VERTIZ, S. J.

Ilustre conferenciante y profundo intelectual mexicano, luchador infatigable entre los intelectuales y en el medio estudiantil universitario.

1762 HOMBRE MODERNO:

Yo soy un enamorado del alma moderna. . . Soy un verdadero entusiasta del hombre de hoy. Será ese hombre, algunas veces, un gran equivocado. . . Tal vez un desorientado. Pero no cabe duda que es uno de los más grandes y más bellos tipos de humanidad que existieron jamás.

(*Relaciones trascendentales entre la ciencia y la fe*, 1.)

1763 CIENTIFICO:

El científico es mucho más grande cuando construye que cuando observa.

(Ib.)

1764 ORDEN:

El orden no puede salir del caos de los elementos, a no ser por la cualidad constructiva de la mente.

(Ib.)

1765 PLAN:

La fe inextinguible del hombre de ciencia se apoya en la seguridad de la existencia de un plan definido tras el conjunto de la creación.

(Ib.)

1766 CIENTIFICO:

El verdadero científico tiene una fe especial que lo hace superior a todos los fracasos y a todos los descorazonamientos.

(Ib.)

1767 METAFISICA:

La metafísica fundamental, lejos de ser obra de una imaginación loca o de caprichosa arbitrariedad, no es sino la condición última e irremplazable que hace valederas todas las conquistas del saber científico.

(Ib.)

1768 CAUSALIDAD:

Dadme un solo caso en que falle el principio de causalidad y removeré a Dios.

(Ib.)

1769 FORMULAS:

Nuestras fórmulas no son aún "las fórmulas de Dios". Son asintóticas, se acercan indefinidamente pero nunca llegan; y porque no llegan, no cubren todas las cosas que se dan en el mundo real.

(Ib.)

1770 HUMILDAD:

El sabio moderno ha vuelto a encontrar el sentido de la humildad. . . puede agachar la cabeza y entrar en el Templo de la Fe.

(Ib.)

ALEXIS CARREL (1873-1944)

Gran conferenciante y ameno conversador, dedicado en cuerpo y alma a enfatizar el humanismo para la formación integral de la juventud.

1771 RAZONAMIENTO:

Pocas observaciones y muchos razonamientos conducen al error; muchas observaciones y pocos razonamientos, a la verdad.

(*La conducta en la vida,* I-2.)

1772 DEGENERACION:

¿Qué factor que no sea la degeneración hubiera sido bastante poderoso para determinar las extraordinarias desdichas de los pueblos de Occidente?

(Ib., I-3.)

1773 OPTIMISMO:
>El optimismo es una actitud seductora.
>Se siente la tentación de negar el mal, porque esa negativa
>dispensa de combatirlo.
>
>(Ib.)

1774 FALTA:
>El optimismo dispensa del esfuerzo.
>Por el contrario, la clara visión de la falta engendra
>la acción.
>
>(Ib.)

1775 CAIDA:
>No se levanta uno sino cuando tiene conciencia de
>haber caído.
>
>(Ib.)

1776 NAUFRAGO:
>En el océano sin orillas de la realidad, el hombre
>encuentra solamente lo que busca.
>
>(Ib., I-4.)

1777 "EXITO":
>¡El éxito de la vida se mide en unidades monetarias!
>
>(Ib.)

1778 HONOR:
>¡El sentido del honor es un anacronismo!
>
>(Ib.)

1779 PRIMACIA:
>No hay razón alguna para dar a la inteligencia la primacía
>sobre el sentimiento.
>
>(Ib.)

1780 LIBERTAD:
>Cada vez que el hombre se ha servido de toda su libertad
>ha infringido las leyes naturales.
>
>(Ib., II-6.)

1781 RENUNCIA:

El éxito de la vida exige el sacrificio.

Sólo renunciando a una parte de su libertad puede el hombre adaptarse al orden de las cosas.

(Ib.)

1782 ERROR:

La sociedad moderna ha cometido el error fundamental de desobedecer la ley de la ascensión del espíritu.

(Ib., III-9.)

1783 ERRANTE:

Como niño perdido en el bosque, el hombre moderno anda errante, al azar, en el mundo que ha creado.

(Ib., V-1.)

1784 AMOR:

Desear el bien a los demás es indispensable para el éxito de la propia existencia colectiva.

(Ib., V-6.)

1785 FE:

La fe y no la razón es la que lleva al hombre a la acción.

(Ib., VI-2.)

1786 ASEO:

La suciedad moral es tan repugnante como la suciedad física. Antes de comenzar una nueva jornada, cada uno debe lavarse moralmente, como lo hace físicamente.

(Ib., VI-3.)

1787 SENTIMIENTO:

El sentimiento aprehende la realidad de modo más directo que la inteligencia.

(Ib., VI-5.)

DAVID MITCHELL

De la Universidad de Oxford, opina, con razón, que la lógica matemática de los modernos, y la lógica de Aristóteles se pueden avenir.

1788 LOGICO:

El lógico está interesado por la verdad lógica, no por la verdad material.

(Introducción a la lógica, 1.)

1789 NECESARIO:

Si queremos vernos libres de la posibilidad de ser mal entendidos, debemos hablar, no de "proposiciones necesarias", sino, más exactamente, de proposiciones "lógicamente necesarias".

(Ib.)

1790 NECESIDAD:

La lógica puede decirnos que es posible que haya otras especies de necesidad, distintas de la necesidad lógica, que es la noción que nos interesa elucidar.

(Ib.)

1791 LOGICA:

Sería mejor definirla (la lógica) como el estudio de las formas de proposiciones de implicación verdadera.

(Ib.)

1792 LOGICA:

El tema central de la lógica es la "implicación".

(Ib.)

1793 IMPLICACION:

El lector debe entender la palabra "implicación" como designando la relación en la que se encuentra una proposición . . . con otra proposición o equipo de proposiciones en aquellos casos en que la primera no puede ser verdadera sin que la segunda lo sea también.

(Ib.)

1794 DISTRIBUCION:

Se dice que un término está "distribuido" si es utilizado en su más plena generalidad; y "no distribuido" si su uso se restringe a menos del campo total al que podría ser aplicado.

(Ib., 2.)

1795 REGLAS:
Estrictamente no puede haber "reglas de inferencia".
Solamente puede haber reglas para cosas que podemos
hacer por arbitrio. Y no inferimos por arbitrio.
(Ib., 3.)

1796 INFERIR:
Inferir no es "dar un paso", sino reconocer que hay una
implicación.
(Ib.)

1797 INFERENCIA:
O yo veo que la consecuencia se sigue, o no lo veo.
Pero si yo dejase de ver que una consecuencia se sigue,
de nada me serviría "decidir" ver que se sigue.
(Ib.)

1798 PRUEBA:
La prueba presupone siempre la validez de los
principios lógicos.
(Ib.)

R. M. CERVANTES

1799 PROBLEMA:
Tarde o temprano todo hombre normal debe encararse
con el problema fundamental: ¿Qué es verdaderamente lo
bueno y qué es lo malo?
(*Curso de ética,* Introducción.)

1800 FIN:
El único principio o norma incontestable de moralidad y
de la ley moral es el bien racional, que se confunde con el
fin mismo de la vida y de la naturaleza humana.
(Ib., I Parte, II.)

1801 REALIZARSE:

Alcanzar el fin es lo mismo que lograr el bien, realizarse y llegar a la perfección de la propia naturaleza.

(Ib.)

1802 BIEN SUPREMO:

No podríamos llamar Bien Supremo al que no fuese absoluto, estable y accesible a todos.

(Ib.)

1803 EJE:

La fe, la esperanza y el amor son el eje de la vida humana.

(Ib.)

1804 NATURALEZA:

La naturaleza humana tiene una esencia invariable en sus propiedades constitutivas, pero es extraordinariamente variable y plástica en sus modalidades.

(Ib., II-2.)

1805 SOCIEDAD:

La sociedad no es fuente, sino transmisora de los juicios de valor. Por eso puede sancionar las costumbres, pero no darles valor.

(Ib., IV-2.)

1806 CREENCIA:

El individuo trasciende a la sociedad; y en él, así como en la sociedad, la causa auténtica del nacimiento de los valores es la creencia en Dios y la distinción entre el bien y el mal.

(Ib.)

1807 VIRTUD:

La virtud se deriva, pues, de la rectitud de la razón y de su ejercicio.

(Ib., VI-2.)

1808 VERACIDAD:

Las relaciones personales no serían posibles sin la confianza en la veracidad del hombre.

(Ib., II Parte, II, 2.)

SALOMON RAHAIM M.

1809 DISPOSICION:

Estamos para un diálogo trascendental, no para escarceos de mero lujo.

(*Compendio de filosofía,* Por qué es así este libro.)

1810 SER:

Llevamos en la entraña el ansia de saber, de penetrar en los misterios del ser que nos rodea, de nuestro propio ser y del ser de un Ser que nos explique a nosotros mismos y al cosmos.

(Ib., Problemática de la filosofía.)

1811 HOMBRE:

El mundo tiene una meta y una cifra: el hombre.
El hombre lleva una tendencia y una imagen: Dios.

(Ib.)

1812 SER:

Partimos del ser y hemos de volver a él la mirada; y el discurso torna sobre el ser.

(Ib., Tratado III. La filosofía del ser.)

1813 EXISTENCIA:

De "extra-sistencia", o sea "posición-fuera", fuera de la nada. En los seres creados será aquello por lo cual dichos seres se colocan fuera de la nada, de la mera posibilidad y de sus causas.

(Ib., Filosofía del ser, Artículo III.)

1814 INCOGNITA:
Al enigma del mundo sucede ahora "la incógnita" del hombre: ¿Qué soy yo mismo?
(Ib., Tratado V. Enfoque y estructuración.)

1815 LIBRE:
El hombre advierte la capacidad de determinarse a sí mismo en sus decisiones. Es su orgullo, su libertad. Es dueño de sus actos, es dueño de sí mismo.
(Ib.)

1816 APETITO:
Complemento de la facultad cognoscitiva es la apetitiva. El conocer es para poder aprovechar, apetecer, tender al fin.
(Ib., Parte II.)

1817 AMOR:
Nuestro amor puede ser de benevolencia y de concupiscencia.
Dios sólo tiene amor de benevolencia.
(Ib.)

1818 MORAL:
La moral laica es nula: porque, quitada la sumisión que se debe a Dios, se desploman los motivos más sólidos para guardar el recto orden, tanto en la vida individual, como en la familiar y social.
(*Compendio de filosofía,* Parte III-3.)

1819 ACTIVIDAD:
Tiene el hombre, en cuanto ser libre, una actividad peculiar, específica. De ella se ocupa la ética.
(Ib., Etica, Parte I.)

1820 FIN:
Determinar el fin de la actividad humana es cuestión trascendental, como que de ahí depende la dirección y la rectitud que deberá guardar el hombre.
(Ib.)

MAURO RODRIGUEZ ESTRADA

1821 IGNORANCIA:

Cuando yo tenía 18 años sabía todas las facciones políticas
de Egipto en tiempo de los faraones.
Y en tanto ignoraba las condiciones políticas de mi
propia patria en pleno siglo XX. . .
¡Qué contrasentido! Interesarse de lo ajeno y remoto, y
olvidarse de lo propio y presente. . . .

(*La psicología en ejemplos,* Al lector.)

1822 CONCIENCIA:

La conciencia funciona automáticamente. Es una fuente
inexhausta de pensamientos, de sentimientos y de fantasías.

(Ib., Parte I-I.)

1823 HOMBRE:

La distinción entre el hombre mediocre y el hombre
superior no se basa tanto en los mayores talentos de este
último, cuanto en que "sabe" y "quiere" canalizar la
corriente de su conciencia.

(Ib.)

1824 SUBCONSCIENTE:

Si usted debe escribir un discurso, no se quiebre la
cabeza tratando de hacer todo de una vez. Ordene sus
ideas lo mejor que pueda y luego. . . deje trabajar a la
subconciencia.

(Ib., Capítulo V.)

1825 NEUROSIS:

De la tensión dolorosa entre la presión hacia arriba y la
presión de nuestra conciencia moral por mantener las
sabandijas en el fondo, resulta el desequilibrio
psíquico o neurosis.

(Ib.)

1826 IDEAL:

Prefijarse una meta en una forma intensa, hacer que la atención esté habitualmente dirigida hacia allá y que la voluntad se halle dirigida allá mismo, y luego dejar que la imaginación trabaje sola. Eso se llama tener un ideal.

(Ib., Parte II, Capítulo X.)

1827 IDEAL:

Puede decirse que no hay un hombre que se haya distinguido en la política, en la religión, en la ciencia, en las artes, en el mundo de los negocios, sin tener un ideal.

(Ib.)

1828 PERCEPCION:

Digo que leo una palabra cuando, en rigor, mi ojo no ve más que una serie de trazos en un papel.

(Ib., Capítulo XI.)

1829 NATURALEZA:

Se aprende a leer la naturaleza como se aprende a leer el silabario.

(Ib.)

1830 MENTE:

Las mentes brillantes son, tal vez, las más expuestas a ser superficiales.

(Ib., Capítulo XII.)

1831 RECORDAR:

El arte de recordar es, antes que nada, el arte de asociar.

(Ib., Capítulo XIII.)

1832 PENSAR:

Pensamos porque tenemos que adaptarnos a las situaciones constantemente nuevas que nos trae la vida.

(Ib., Capítulo XV.)

1833 GOBERNAR:

Tenemos la tarea de gobernar nuestra propia existencia. No hay casi un instante en el que no estemos abandonados a nuestras iniciativas.

(Ib.)

1834 DESEO:

Normalmente el deseo es la expresión y la medida de nuestras necesidades biológicas y psicológicas.

(Ib., Capítulo XX.)

1835 SOCIEDAD:

Somos seres sociales porque necesitamos vivir en sociedad. Nuestro altruismo hunde sus raíces en nuestro egocentrismo.

(Ib.)

1836 VIDA:

La vida es una continua inquietud. Y la inquietud está hecha de insatisfacción.

(Ib., Capítulo XXI.)

1837 VIDA:

La vida es un continuo desear. Y quien desea, desea porque está privado de algo. Y la privación hace sufrir.

(Ib.)

1838 PASION:

Las grandes pasiones responden a las grandes necesidades del organismo, de la psique humana y de la especie biológica.

(Ib., Capítulo XXII.)

1839 DECISION:

Lo que falta a los motivos lo pone la voluntad.

(Ib., Capítulo XXVII.)

1840 QUERER:

Son muchas las cosas que se desean, pero muy pocas las que se quieren de verdad.

(Ib.)

1841 LIBERTAD:
Cuando se habla del problema de la libertad en el hombre, debe entenderse la "libertad de arbitrio", que no es "libertad de ejecutar", sino "libertad de querer".
(Ib., Capítulo XXVIII.)

1842 REALIDAD:
La realidad está en la síntesis.
El análisis no es más que una exigencia de nuestra manera de entender.
(Ib., Parte III, Generalidades.)

R. P. JUAN JOSE CORDERA

Culto sacerdote que ha sabido conjugar el santo ministerio con el dictado desde la cátedra en diversas escuelas de la Universidad Veracruzana.

1843 REGLAS:
Las cuatro grandes reglas de lógica o de sentido común: No imaginar, razonar, distinguir siempre, no salirse del tema.
(*Compendio de filosofía,* 13.)

1844 "OMNISABIDURIA":
Modernamente hay una nueva fuente de errores: la que podríamos llamar "omnisabiduría", la de los "omnisabios", que consiste en dar incompletas las ciencias en las escuelas superiores para que los estudiantes, convencidos de que nada entienden bien, duden de la capacidad del entendimiento.
(Ib., 15.)

1845 LOGISTICA:
La "logística" es la misma lógica, expresada en signos algo así como los signos algebráicos.
(Ib., 16.)

1846 RAZON:

La razón humana no puede equivocarse sino
accidentalmente.

(Ib., 79.)

1847 PERCEPCION:

Percibimos directamente los accidentes e indirectamente
la sustancia.

(Ib., 190.)

1848 AMOR:

El afecto se llama "caridad" cuando amamos porque
Dios quiere que amemos.

Se llama "ágape" o amor compartido cuando amamos a
alguien porque nos comparte sus bienes y le compartimos
los nuestros.

Se llama "dilección, preferencia o predilección" cuando
amamos a alguien por sus cualidades, virtudes, méritos.

(Ib., 196.)

1849 AMISTAD:

Hay amor de amistad cuando amamos a una persona, no
por interés, sino porque nos ama.

(Ib.)

1850 PSICOANALISIS:

El psicoanálisis expone al paciente a mentir, a confesar
por autosugestión lo que no ha hecho, a aceptar supuestas
frustraciones, o a quedar con la convivencia de que es
un frustrado.

(Ib., 209.)

1851 SUEÑO:

No está probado que la noche sea causa del sueño.
Puede ser ocasión.

(Ib., 208.)

1852 ESTIMULO:

Para que la voluntad trate de alcanzar el bien, necesita
un estímulo (o motor) . . . Si le falta ese estímulo,
tenemos al hombre frustrado, fracasado, vencido.

(Ib., 215.)

1853 INFINITO:

El humano deseo de lo infinito es una propiedad esencial
del género humano. ¿Quién pudo sellar con tal deseo al
linaje humano sino la presión de un "Ser bueno", Infinito?

(Ib., 239.)

1854 VALORES:

Los "juicios de valor" que forman el orden moral. . .
¿de quién pueden proceder, sino de una "Voluntad
suprema, buena y ordenadora"?

(Ib.)

1855 ATRIBUTOS:

Dios no es un compuesto de atributos.
Los llamamos atributos no porque sean partes de Dios, sino
porque nuestra razón ve que le convienen, que concurren
en Dios esas perfecciones que le atribuimos.

(Ib., 242.)

1856 DIOS:

Dios no tiene definición, porque no tiene género próximo
ni diferencia específica.
La humanidad lo llama el "Ser Supremo", "Acto Puro",
"Aquél cuya existencia es el Ser", "Luz indeficiente", "El
que Es", "Yahvéh". . .

(Ib., 252.)

1857 MORALIDAD:

La moralidad es algo objetivo, es decir, que no se oponga
a la razón, a la dignidad, a la naturaleza. . . ni al fin
del hombre.

(Ib., 268.)

1858 HEROE:
La honorabilidad y dignidad moral hacen al héroe.
(Ib., 284.)

1859 DERECHO:
La dignidad del hombre es la única fuente de todo derecho.
(Ib., 286.)

1860 LIBERTINAJE:
Libertinaje es la corrupción de la libertad; de donde se sigue que es falso y pernicioso el "liberalismo", de palabra, espectáculos, imprenta, pornografía. . .
(Ib., 295.)

1861 PENA DE MUERTE:
La pena de muerte suele ser abolida por los políticos, que más la merecen, y por juristas más sinvergüenzas o sentimentales que razonables e ilustrados.
(Ib., 339.)

1862 HISTORIA:
Conviene saber bien si la historia está escrita por decreto o por documentos.
(Ib., Apéndice 2o.)

AGUSTIN BASAVE FERNANDEZ DEL VALLE

Culto abogado tapatío, profesor de Filosofía en la Universidad Autónoma de Nuevo León.

1863 FILOSOFO:
El aspirante a filósofo debe despertar al inocente e inquieto niño que todos llevamos, si quiere penetrar en los dominios de la *Hagia Sophia*.
(*Breve historia de la filosofía griega*, Introducción 1.)

1864 DESPERSONALIZACION:
Un trato público despersonalizado consume y vacía
el contenido inconfundible de la personalidad.
(*Miguel de Unamuno y José Ortega y Gasset,*
I, capítulo IV.)

1865 INQUIETUD:
Agonizando en ansia de perennidad y plenitud, el hombre
otea inútilmente el horizonte, en busca de una playa
salvadora.
(Ib., Parte I, capítulo VII.)

1866 RELIGION, FILOSOFIA:
Religión y filosofía son mundos distintos que se
tocan, no obstante, en un punto: la idea de lo
absoluto.
(Ib., Parte I, capítulo XIII.)

1867 DIOS:
La filosofía llega a Dios desde un punto de vista
cosmológico-racional; la religión, desde un punto
de vista ético-religioso.
(Ib.)

1868 RELIGION:
Podría llegarse a afirmar que las pruebas racionales
de la Divinidad, presuponen ya una actitud religiosa.
(Ib.)

1869 ARTE:
Los artistas nuevos se empeñan en ir contra la realidad,
en romperla y deformarla. Pero en su fuga de lo humano,
vibran larvados de tenaces reminiscencias de la realidad.
(Ib., II Parte, capítulo XXIII.)

1870 PEDAGOGIA:
Uno de los méritos de la pedagogía contemporánea
es que no parte del maestro ni de las disciplinas
científicas, sino del alumno.
(Ib., capítulo XXIV.)

1871 CULTURA:

El profesionista medio actual es más técnico y sabio,
en su especialidad, que el de la Edad Media; pero también
es más inculto. Es el nuevo "bárbaro".

(Ib.)

1872 BARBARO:

Repugnan a nuestra sensibilidad esos bárbaros que saben
mucho de una cosa y son monstruosamente ineptos en las
demás.

(Ib.)

1873 FILOSOFIA:

La filosofía, al fin cosa humana, está, en última instancia,
al servicio de la vida, a disposición del hombre.
(*Qué es el hombre,* Rev. de Fil., Año III, 10.)

1874 HOMBRE:

Animal de realidades actuales y de posibilidades,
el hombre, aunque inmerso en el mundo, se proyecta
supra-mundanamente.

(Ib.)

1875 COMPLEMENTO:

El hombre, porque es finito, busca un complemento,
una estabilidad que le falta.

(Ib.)

1876 HOMBRE:

El hombre es un estar salvándose sin acabar nunca de
salvarse, mientras viva.

(Ib.)

1877 EXISTENCIA:

Para existir hemos de empezar por luchar contra el
peligro de perdernos.

(Ib.)

1878 COMPLETAMIENTO:

En la tendencia vulgar al placer o en el impulso
religioso hacia Dios, podemos descubrir ese anhelo
de completamiento, de estabilidad, de salvación.

(Ib.)

1879 VIDA:

La vida como quehacer corresponde a la vida como
esperanza . . . la vida es esperanza, pero es algo
más: es amor.

(*Filosofía del hombre*, pág. 61.)

1880 AMOR:

Sin amor no cabe una verdadera esperanza.

(Ib.)

1881 AMOR:

El amor ordinario del ser humano se dirige a Dios, que
es lo único bueno en plenitud. Las criaturas son, en sí
mismas, malicia y no-ser. El amor sólo puede detenerse
en ellas provisionalmente porque, en definitiva, el amor
es una relación con el Absoluto.

(Ib., pág. 271.)

XVI FILOSOFOS ESCOLASTICOS

1882 ABSOLUTO:

Absoluto es lo que no depende de otro. *(Non dependens
ab alio.)*

(Sto. Tomás, *Met.* lib. V, 10.)

1883 ACCIDENTE ONTOLOGICO:

Es aquello a lo que corresponde existir en otro ser.
(Cui debetur esse in alio.)

(IV *Sent. Disp.* 12, q. I., a. I.)

1884 ACCIDENTE LOGICO:

Es aquello que puede estar o no estar en un ser sin que
éste cambie esencialmente. *(Contingit eiden inesse et non
inesse praeter subjecti corruptionem.)*

(Ib.)

1885 ACCION:
Es el ejercicio de la potestad operativa. *(Exercitium virtutis opperandi.)*
(Sto. Tomás, I *Sent., Dip.* 42, q. I, a. 1.)

1886 ACTO:
Todo acto es un cierto grado de perfección. *(Omnis actus perfectio quaedam est.)*
(Sto. Tomás, *Summa Theol,* I, q. 5, a. 3.)

1887 ACTO PURO:
El ser que tiene todas las perfecciones sin el menor grado de imperfección. *(Ens summe perfectum.)*
(Metafísica general, 117.)

1888 ALTERACION:
Es todo cambio de cualidad y, por lo tanto, cambio accidental. *(Motus qui est in qualitete.)*
(Aristóteles, *Física,* V-1.)

1889 ANALISIS:
Es la descomposición de un todo complejo en sus elementos.
(Ib., lib. V, a 1.)

1890 METODO ANALITICO:
Es el procedimiento que parte de la observación para llegar a descubrir sus causas y formular sus leyes.
(Metafísica general, 1.)

1891 JUICIO ANALITICO:
Es aquél cuya verdad se descubre por el simple análisis de los conceptos que lo constituyen. (También se llama "juicio en materia necesaria".)
(Criteriología, 36.)

1892 APERCEPCION:
Es el conocimiento reflejo de un estado interior.
(Sinónimo de conciencia.)

1893 APETECER:
Apetecer no es otra cosa que tender a algo, dirigirse a algo que está ordenado a uno mismo.
(Sto. Tomás, *De veritate,* q. 22, a. 1.)

1894 MOVIL:
El móvil del apetito es el bien aprehendido. *(Ipsum bonum apprehensum est moven appetitum.)*
(Ib.)

1895 APETITO SENSITIVO:
Es la inclinación hacia los bienes conocidos por los sentidos.
(Ib.)

1896 APETITO SUPRASENSIBLE:
Es la inclinación hacia un bien inmaterial. (También se le llama "apetito racional" o "voluntad".)
(*Psicología,* 137.)

1897 APREHENDER:
Es captar el objeto conocido y obtener una copia intelectual del mismo, sin afirmar ni negar nada de él.
(*Psicología,* 105.)

1898 ATRIBUTO:
Es lo que se aplica a una cosa. Lo que se le atribuye.
(*Lógica,* 29.)

1899 BIEN:
Es aquello que es apetecido por todos. *(Id quod omnia appetunt.)*
(Aristóteles, *Etica Nicom.* I, lect. 1.)

1900 CATEGORIAS:
Tipos a los que se reducen todos los atributos.
Tales tipos son: sustancia, cantidad, cualidad, relación,

actividad, pasividad, ubicación, tiempo, orden de partes y hábito o vestimenta.

(*Categoreo* significa, en griego, "yo atribuyo", "yo predico".)

(Aristóteles, Metafísica, lib. V, I-9.)

1901 CAUSA:

Es todo aquello que interviene activamente en la producción de una cosa. (*Illud est proprie causa alicujus sine que esse non potest.*)

(Sto. Tomás, Summa Theol.III, q. 86, a. 6.)

1902 CAUSA EFICIENTE:

Es aquélla por cuya acción es producido el nuevo ser. (*Id a quo aliquid fit.*)

(Metafísica, 139.)

1903 CAUSA FINAL:

Es aquélla por cuyo atractivo algo es hecho. (*Id cujus gratia aliquid fit.*)

(Ib., 152.)

1904 CAUSA FORMAL:

Es aquélla por la cual un ser es lo que es y no otro. (*Id que ens est id quod est.*)

(Ib., 135.)

1905 CAUSA MATERIAL:

Es el elemento de lo que algo es hecho y en el que la forma como que queda plasmada. (*Id ex quo aliquid fit et in quo forma recipitur.*)

(Ib., 133.)

1906 CERTEZA:

Es la firme adhesión del entendimiento a una verdad. (*Firmitas adhaesionis virtutis cognoscitivae in suum cognoscibile.*)

(Sent. III, dist. 26.)

1907 CERTEZA METAFISICA:

Es aquélla en que el motivo del asentimiento se apoya en la esencia metafísica de las cosas.

(Lo contrario es absurdo.)

(Ib.)

1908 CERTEZA FISICA:

Es aquélla cuyo motivo se apoya en la constancia de las leyes físicas de la naturaleza.

(Sólo una intervención de Dios podría hacer lo contrario.)

1909 CERTEZA MORAL:

Es aquélla cuyo motivo se apoya en la constancia con que suelen ser cumplidas las leyes psíquicas, y también las leyes morales.

(*Metafísica*, 133.)

1910 CIENCIA:

Es el conocimiento de las cosas por sus causas próximas.
(*Cognitio rerum per causas proximas.*)
(Esas "causas próximas" suelen ser las leyes de la naturaleza.)

1911 "CIENCIA DE VISION":

Los escolásticos llaman "ciencia de visión" a aquélla con la que Dios conoce todo lo que es y todo lo que será.

1912 "CIENCIA DE SIMPLE INTELIGENCIA":

Los escolásticos llaman "ciencia de simple inteligencia" a aquélla con la que Dios conoce todo lo que, aunque es posible, jamás existirá.

1913 "CIENCIA MEDIA":

Los escolásticos llaman "ciencia media" a aquélla con la que Dios conoce lo que podría ser pero que nunca será, pues depende de una voluntad libre que libremente nunca lo hará.

(Lo que pudiera ser pero nunca será se llama "futurible".)

Llámase "ciencia media" por concebírsela como en un punto medio entre las otras dos ciencias divinas.

1914 CIENCIA RACIONAL O DEDUCTIVA:

Es la que parte de algunos principios en materia necesaria para inferir nuevas relaciones y nuevas verdades.

1915 CIENCIA EXPERIMENTAL:

Ciencia positiva o experimental es la que parte de la observación de hechos concretos para ascender a la formulación de las leyes que los rigen.

(*Lógica,* 89.)

1916 COMPRENSION:

Es el conjunto de atributos que integran una idea.
(También se le llama "contenido".)

(*Lógica,* 18.)

1917 CONCEPTO:

Cuando el entendimiento capta algo inteligible, forma o engendra en su interior una copia del objeto, forma que viene a ser como hija del entendimiento, "concebida" por él.

Por eso se le llama "lo concebido" o, simplemente, "concepto".

(*MAR.*)

1918 CONCIENCIA PSICOLOGICA:

Es el acto de conocimiento por el cual nos damos cuenta de todo lo que acontece en nuestro interior.

(*Summa Theol.* q. 79, a. 13.)

1919 CONCIENCIA MORAL:

Es el juicio práctico que nos da a conocer el valor moral de nuestros propios actos.

(*Summa Theol.* I-II, q. 19, a. 5.)

1920 CONDICION:

Cualquier circunstancia que, sin influir positivamente en la producción, sea necesaria para que la causa produzca su efecto.

(*MAR.*)

1921 CONDICION *SINE QUA NON:*

Es aquélla circunstancia que es absolutamente indispensable para que la causa pueda producir, pues, faltando aquélla, no se produciría el efecto.

(Metafísica, 140.)

1922 CONDUCTISMO:

Sistema que intenta lograr la reducción del estudio psicológico al comportamiento externo o "conducta" del hombre.

(Ferrater Mora, *Diccionario.*)

1923 CONTEMPLACION:

Los latinos llamaban "contemplación" al hecho de estar reunidos en comunidad, en el templo (*cum-templum*).
La contemplación venía a ser, pues, algo así como la visión en común.
Habitualmente se la compara con la "visión".

(Ib.)

1924 CONTINGENTE:

Es contingente todo aquello que puede ser y puede no ser. (*Contingens est quod potest esse et non esse.*)

(Summa Theol., I, q. 86, a. 3.)

1925 CONTRADICTORIAS:

Se llaman contradictorias entre sí dos proposiciones que expresan juicios contradictorios.

(Aristóteles, *Perih.,* lib. I, capítulo I-19.)

1926 CONTRADICTORIOS:

Dos juicios son contradictorios cuando, teniendo el mismo sujeto y el mismo predicado, difieren en cantidad y cualidad.

(Ib.)

314

1927 CONTRARIO:

Dos juicios son contrarios cuando, teniendo el mismo sujeto y el mismo predicado y siendo ambos universales, uno de ellos afirma lo que el otro niega.

(Arist., *Perih.*, lib. I, capítulo I-2.)

1928 CORRUPCION:

Corrupción es, propiamente hablando, la trasmutación de un ser compuesto, de tal modo que pase del ser al no ser. *(Compositi transmutatio de esse in non-esse.)*

(Sent. II, *dist.* 19, q. I, a. 1.)

1929 CREACION:

Creación es la producción total de una sustancia sin que haya ningún elemento previo. *(Productio alicujus rei secundum totam suam substantiam, nullo praesupposito.)*

(Summa Theol., I, q. 65, a. 3.)

1930 CRITERIO:

Criterio, en general, es el medio para discernir una cosa de otra.

(Criteriología, 23.)

1931 COSTUMBRES:

Costumbres se llaman los hábitos adquiridos por el hombre, y por los cuales se desarrollan de un modo peculiar todos sus actos o una parte de ellos.

1932 DEDUCCION:

Procedimiento que consiste en partir de principios en materia necesaria para descubrir nuevas verdades contenidas en aquellos.

(Lógica, 88.)

1933 DEFINICION:

Definición es la explicación de la esencia o del nombre que se le da a una cosa. *(Oratio naturam rei aut termini significationem exponens.)*

(Juan de Sto. Tomás, *Lógica* I, capítulo 3.)

1934 DEMOSTRACION:

Operación que pretende convencer de que lo que afirmamos es verdadero.

Para ello suele emplearse el silogismo.

(MAR.)

1935 DEMOSTRACION *A PRIORI:*

Es la que deduce la existencia y la naturaleza del efecto partiendo del conocimiento de la causa.

(Lógica, 67.)

1936 DEMOSTRACION *A POSTERIORI:*

Es la que llega al conocimiento de la causa partiendo del conocimiento del efecto.

(Ib.)

1937 DERECHO:

La palabra latina *jus* significa "lo justo", lo que está de acuerdo con la "justicia".

La palabra italiana *diritto* significa "lo directo", lo que no se desvía, sino que ciñe a una línea.

La palabra castellana "derecho" significa únicamente el conjunto de disposiciones.

Derecho es el poder moral ínsito en la dignidad de la naturaleza humana, para poseer, exigir y defender lo que, por disposición de la misma naturaleza, está ordenado al servicio del hombre.

(Martín Alvarado, *Etica para el bachillerato,* VI.)

1938 DETERMINISMO:

Sistema que pretende la interdependencia universal de todos los fenómenos del universo.

1939 DEVENIR:

El "devenir" *(fieri)* se distingue del "ser" *(esse)* en que "es" el paso de un estado a otro en lo que es, por esencia, cambio.

(Ferrater Mora, *Diccionario.*)

1940 DISOLUCION:

Desintegración de la materia y disgregación de sus elementos.

(Ib.)

1941 DUDA:

Es la suspensión del entendimiento entre las dos partes de una contradicción. *(Suspensio mentis inter utramque partem contradictionis.)*

(Sent. III, dist. 17, q. I-4.)

1942 ENTENDIMIENTO:

Poder mental que penetra hasta el interior del objeto y lo descifra, como leyéndolo (intelecto: *intus-legit*).

(M. Alvarado.)

1943 ESENCIA:

Esencia de una cosa es aquello que es expresado por la definición de la misma. *(Id quod significatur per definitionem.)*

(Summa Theol. I, q. 29, a. 3.)

1944 ESPIRITUALIDAD:

Propiedad de toda sustancia que es capaz de existir y obrar sin dependencia intrínseca de la materia.

(Sent. IV, dis. 45, q. I.)

1945 EVIDENCIA:

La evidencia es una especie de resplandor de la verdad, que arrebata el asentimiento de la mente. *(Fulgor quoddam veritatis mentis assensum rapiens.)*

(Criteriología, 51.)

1946 EXISTENCIA:

La existencia es, propiamente, el hecho de estar presente, el hecho de estar fuera de la causa *(extra-causam)* y fuera de la nada, y presente en el orden actual o posible, en el orden real o en el ideal, en el orden de lo óntico o en el lógico, o simplemente en el orden imaginario o fantástico.

(M. Alvarado, *Apuntes de introducción a la filosofía.*)

1947 FE, CREENCIA:

Fe es la adhesión del entendimiento a alguna opinión por elección de la voluntad, aun sin certeza. *(Intellectus assentit alicui per quam electionem voluntatis etiam sine certitudine.)*

(*Summa Theol.*, I – II, q. I, a. 4.)

1948 IDEA:

Idea es la semejanza de una cosa expresada en el entendimiento. *(Similitudo rei in intellectu expressa.)* (*Eidos* significa semejanza.)

(Sto. Tomás, *De veritate*, q. 3, a. 1.)

1949 INDIVIDUO:

Individuo es todo aquello que no está dividido en sí mismo, pero sí está dividido de todos los demás. *(Quod est in se indistinctum, ab aliis vero distinctum.)*

(*Summa Theol.*, I, q. 29, a. 4.)

1950 INDUCCION:

En la inducción se llega a una verdad universal partiendo de la observación de muchos acontecimientos singulares. *(In inductione concluditur universale ex singularibus quae sunt manifesta.)*

(Aristóteles, *Posteriora analyt.* I, I-1.)

1951 IMAGEN, FANTASMA:

Imagen es la representación sensible de algún objeto material anteriormente percibido, aunque ausente en el momento de su representación.

(*Summa Theol.*, I, q. 84, a. 7.)

1952 INDEFINIDO:

Lo que no tiene un límite determinado ni preciso, pudiendo, sin embargo, tener todos los límites. Lo indeterminado.

(J. Ferrater Mora, *Diccionario.*)

1953 INFINITO:

Llámase infinito lo que ni tiene ni puede tener límite
en la perfección. Es lo sumamente perfecto: la divinidad.
(J. Ferrater Mora, *Diccionario.*)

1954 INHERENTE:

Se llama, en general, inherente a algo, toda cualidad que
pertenece necesariamente a ello. Los accidentes están
"inheridos" a la sustancia.

(Ib.)

1955 INMANENCIA:

Significa permanencia dentro de algo. Se dice de algo que
es inmanente a un ser cuando reside dentro de este ser.
La inmanencia se opone, pues, a la trascendencia.

(Ib.)

1956 INMORTALIDAD:

Se entiende, generalmente, por inmortalidad la
imposibilidad de llegar a la muerte. La filosofía
cristiana sostiene que el alma humana (espíritu) es
inmortal, aunque el cuerpo, como toda materia,
es corruptible y mortal.

1957 INTENCION:

Actualmente se da el nombre de intención a lo que uno
se propone hacer u omitir.
Los escolásticos llaman "intención" a la dirección de
la mirada intelectual hacia el objeto conocido.
Primera intención: dirección de la mirada intelectual
hacia las cosas.
Segunda intención: dirección de la mirada intelectual
hacia las ideas, copias intelectuales de las cosas.
(M. Alvarado, *Apuntes de lógica.*)

1958 INTENCIONALIDAD:

Es la propiedad que tiene todo acto psíquico y que consiste en hacer referencia a un objeto exterior.

(F. Brentano.)

1959 INTUICION:

Hay intuición cuando el entendimiento descubre la conclusión inmediatamente y a la primera mirada.
(Intuitio erit si intellectus inmediate et uno intuitu aprehendit conclusionem.)

(*Summa Theol.*, I, q. 19, a. 1.)

1960 INTUICIONISMO:

Se da el nombre de intuicionistas a todas las doctrinas filosóficas que sostienen, con mayor o menor empeño, la base intuitiva del conocimiento.

En este sentido el intuicionismo se opone al racionalismo y al intelectualismo. Pero de hecho, el intuicionismo es la base de cualquier sistema de conocimiento, ya que sólo se conoce algo cuando se llega a comprender su interior mismo *(intus-ire)*. Por esta razón se habla de los diversos tipos de intuición:

Intuición volitiva: consiste en descubrir la existencia de las cosas, en cuanto que aparecen ante nosotros como resistencias, obstáculos y estorbos a nuestra libre acción física.

Intuición intelectiva: consistente en intuir lo que son las cosas.

Intuición emotiva: consistente en percatarnos de lo agradable o desagradable de las cosas (valores).

1961 JUICIO:

Juicio es el acto por medio del cual el entendimiento afirma o niega que el predicado le convenga al sujeto.

Se llama juicio *(jus-dicens)* porque en el el entendimiento (que es el juez) pronuncia lo "justo".

(*Summa Theol.*, I, q. 85, a. 4.)

1962 LEY:

Ley, en general, es el modo constante de obrar de un ser.

1963 LEY ETERNA:

La razón de la divina sabiduría en cuanto que dirige todos los actos y todos los movimientos. *(Ratio divinae sapientiae secundum quod est directiva omnium actuum et motionum.)*

(*Summa Theol.*, I-II, q. 93, a. i.)

1964 LEY NATURAL:

Una luz del entendimiento depositada en nosotros por Dios, para que sepamos qué hacer y qué evitar. *(Lumen intellectus insitum nobis a Deo, per quod congnoscamus quid agendum et quid vitandum.)*

(Ib.)

1965 LEY MORAL:

Una ordenación de la razón orientada al bien común y promulgada por aquél a quien incumbe el gobierno de una sociedad. *(Ordinatio rationis ad bonum commune, ab eo qui curam communitatis habet promulgata.)*

(*Summa Theol.*, I-II, q. 90, a. 4.)

1966 LEY POSITIVA:

Ordenación dada de viva voz o por escrito por el superior, sea Dios (ley positiva divina), sea el hombre constituido en autoridad (ley positiva humana).

(Martín Alvarado, *Etica para el bachillerato*, II.)

1967 LIBERTAD:

Facultad en virtud de la cual la voluntad puede elegir alguno de los muchos atractivos concretos que se le presentan.

1968 METODO:

El plan del procedimiento que debe seguirse para llegar a la obtención del fin deseado.

(Meta-odós: "a través del camino o viaje".)

1969 METAFISICA:
Ciencia cuyo objeto formal es el "ser" positiva y negativamente inmaterial. *(Ta meta ta physicá:* "más allá de la física".)
(Aristóteles, *De generatione et corruptione. Proev.*)

1970 MOTIVO:
Es literalmente "lo que mueve", lo que influye en la causa para que ésta produzca su acción.
Los motivos son elementos ideales que concurren "convenciendo" a la causa para que actúe.
(Ferrater Mora, *Diccionario.*)

1971 OBLIGACION:
Necesidad objetiva y categórica de observar el orden moral.
(Necesitas objectiva et categorica ordinem moralem servandi.)
(Moral.)

1972 OPERACION:
Se llama operación a cualquier acto de un ser aunque no trascienda al exterior. *(Operatio dicitur quilibet actus rei, etiamsi exterius non transeat.)*
(Sent. II, *dist.* 12.)

1973 ORDEN:
Se dice a veces de la regularidad y a veces de una determinada clase de objetos. El orden es también el encadenamiento en que unas cosas se hallan con respecto a otras.
(J. Ferrater Mora, *Diccionario.*)

1974 PARALOGISMO:
Se le llama así al silogismo que viola alguna o algunas de las reglas de la lógica.
(Aristóteles, *Post. Analyt.*, lib. I, lec. 22.)

1975 PASION:

Pasión es el efecto del agente en el paciente. *(Effectus agentis in patiente.)*

En psicología pasión es la inclinación intensa del apetito sensitivo, acompañada de modificaciones orgánicas.
En moral pasión es una inclinación fuerte, que disminuye la libertad de la voluntad.

(*Summa Theol.*, I-II, q. 26, a. 2.)

1976 PERFECCION:

Perfección es la posesión de todo lo que le corresponde a un ser, según el rango de su naturaleza.

(Ib., I, q. 4, a. 2.)

1977 PERSONA:

Persona es una sustancia individual dotada de una naturaleza racional. *(Rationalis naturae individua substantia.)*

(Ib., I, q. 29, a. 1.)

(*Per-sonare*: resonar. Era la mascarilla que, como micrófono, se adaptaba a los actores en el teatro griego. [personaje].)

1978 POSIBILIDAD:

Posible es lo que puede ocurrir o lo que puede ser de una manera o de todas las maneras.
La posibilidad se entiende en sentido lógico como aquello que no es contradictorio.
La posibilidad se entiende en sentido real como aquello que puede ser.

(Ferrater Mora, *Diccionario*.)

1979 POTENCIA:

Potencia se entiende, vulgarmente, como sinónimo de poder. Pero como una cosa es "poder recibir" algo y otra muy distinta, "poder hacer" algo, los escolásticos distinguen: potencia pasiva y potencia activa.

Potencia pasiva es la capacidad de recibir o sufrir
algún cambio. *(Principium patiendi ab alio.)*

> *(Summa Theol.,* I, q. 25, a. 1.)

Potencia activa u operativa es la capacidad de
producir algo. *(Principium agendi in aliud.)*

> (Ib.)

1980 PREDICABLES:

Son los diversos modos de atribuir los predicados al
sujeto.
Según la lógica tradicional son cinco: género, diferencia,
especie, propio y accidente.

1981 PREDICADO:

Predicado es lo que el entendimiento le atribuye o le
quita al sujeto, en el juicio lógico.
No debe confundirse con el "atributo".
El atributo es entendido como una manera de ser del
objeto.
El predicado es entendido como el fallo del entendimiento.

> *(MAR.)*

1982 PREDICAMENTOS:

Son los diversos tipos en que se pueden clasificar los
atributos o predicados *(praedicamenta)* atribuibles a
un ser. Se llaman, también, categorías y son, según
Aristóteles, las ya mencionadas anteriormente.

> *(MAR.)*

1983 PRINCIPIO:

Principio es aquello en virtud de lo cual un ser es, o
es hecho, o es conocido. *(Id quo aliquid est, fit vel
congnoscitur.)*

> (Aristóteles, *Metafísica,* IV-1.)

Es como la fuente de donde se derivan: el ser, la
generación o el conocimiento.

1984 PRIVACION:

En general es la carencia de alguna perfección que un ser, por naturaleza, debiera de tener. *(Negatio debiti inesse alicui subjecto.)*

(Metafísica general, 75.)

1985 PROPIO:

Se da el nombre de "propio" o "accidente propio" al atributo que, siendo algo accidental, es, sin embargo, exclusivo de una especie.

1986 PROPOSICION:

En sentido vulgar es lo que se pone ante alguien para su ulterior consideración, aceptación o discusión.

En sentido estricto, proposición es el enunciado verbal de un juicio.

(MAR.)

1987 QUIDIDAD:

La quididad de una cosa es lo mismo que su esencia.

Se le llamó "quididad" porque responde a la pregunta: ¿*Quid est*? (¿qué es?).

(Inde est quod nomen essentiae a philosophis in nomen quiditatis mutatur.)

(Sto. Tomás, *De ente et essentia,* I.)

1988 RACIOCINIO:

Acto mediante el cual el entendimiento, en su calidad de razón, parte de verdades ya conocidas para lograr nuevos conocimientos.

El raciocinio o razonamiento puede ser deductivo e inductivo.

1989 RAZON:

Es el entendimiento en cuanto se vale del discurso para estudiar, analizar, comparar, etcétera, el objeto para descubrir nuevos conocimientos.

Por ello se da, también, el nombre de razón a todo lo que responde satisfactoriamente a la pregunta: "¿por qué?".

1990 REFLEJO:

En fisiología: movimiento que responde a una excitación exterior sin intervención de la conciencia y de la voluntad.
En psicología: movimiento en el que la atención se dirige y se centra en el acto mismo de la conciencia.

1991 REFLEXION:

Aplicación voluntaria del pensamiento o sobre algo ya conocido, o sobre el acto de conocimiento.
En el primer caso se llama reflexión ontológica; en el segundo, reflexión psicológica.

1992 RELACION:

Lazo de unión entre dos o más cosas distintas.
La referencia de una cosa a otra.

(Summa Theol., I, q. 28, a. 2.)

1993 RELIGION:

Palabra que viene de *re-ligare,* que significa: doble atadura.
Religión es, pues, la doble atadura que el hombre tiene con Dios.

a.) El hombre está atado a Dios por naturaleza, pues es hechura de Dios.

b.) El hombre está atado a Dios por el conocimiento, pues descubre a Dios como su hacedor, su sostén, su ordenador y su fin último.

(MAR.)

1994 REPRESENTACION:

Es un volver a presentarse algo que anteriormente ya se había presentado.
Es, también, un presentarse algo en sustitución de otro.

1995 RESPONSABLE:
Se dice de alguien que es responsable cuando está obligado a responder de lo que hace. La responsabilidad supone la libertad y está en función de la misma.

1996 REVELACION:
La manifestación de algo que estaba velado, embozado, encubierto (*remotio-veli:* supresión del velo).
a.) Revelación humana: cuando el hombre nos descubre algo que nosotros no podemos conocer.
b.) Revelación divina: cuando Dios nos descubre algo que nosotros, humanos, no alcanzamos a entender.

1997 SABER:
Del verbo latino *sapere,* saber significa "saborear" las cosas en la vivencia y tomar de ellas una copia que posteriormente nos permita identificarlas (conocimiento).

Deben distinguirse los siguientes tipos de saber:
a.) Saber por mera curiosidad. Es el saber propio de la cultura.
b.) Saber por necesidad. Es el saber propio de la tecnología.
c.) Saber para encontrar las leyes de los seres materiales. Es el saber propio de las ciencias.
d.) Saber para orientar y dirigir a la persona humana. Es el saber de salvación, propio de la filosofía (sabiduría).
(Martín Alvarado Rivera, *Apuntes de Introducción a la filosofía.*)

1998 SINDERESIS:
Es la capacidad para juzgar con rectitud y equivale, según los escolásticos, a conciencia moral.
(J. Ferrater Mora, *Diccionario.*)

1999 SINTESIS:
Integración y recomposición de los elementos de un todo previamente separados durante un proceso analítico.
(Tradicional.)

2000 TRASCENDENCIA:

Es la orientación o la salida de un ser desde sí mismo hacia otro.

La trascendencia se opone a la inmanencia, que es la permanencia de un ser dentro de sí mismo.

(Tradicional.)

656069

ESTA EDICIÓN DE 4 000 EJEMPLARES SE TERMINÓ DE
IMPRIMIR EL 20 DE JUNIO DE 1989 EN LOS TALLERES DE
CUADRATÍN Y MEDIO, S.A. DE C.V.
DR. VÉRTIZ No. 931-A, COL. NARVARTE
03020 MÉXICO, D.F.